Wolf Ruede-Wissmann

Das hat gesessen!

Wolf Ruede-Wissmann

Das hat gesessen!

Unschlagbar im Streitgespräch

Signum Wirtschaftsverlag

Dieses Buch wurde auf chlorfrei gebleichtem
und säurefreiem Papier gedruckt.

Besuchen Sie uns im Internet unter
http://www.signumverlag.de

Schutzumschlag: agentur-feedback.de
Illustrationen: Wiescher-Design, München
Satz: Fotosatz Völkl, Türkenfeld
Druck: Huber, Dießen
Binden: Thomas Buchbinderei, Augsburg
Printed in Germany
ISBN 3-85436-343-5

Inhalt

Kapitel III: Schlagfertigkeit 157

Vorwort

Manche Autoren haben mit den scheinbar stets schlagfertigen Entertainern im Fernsehen etwas gemeinsam:
Sie können in Ruhe schlagfertige Pointen darstellen, beschreiben oder lernen, die einigen vermutlich an Ort und Stelle nicht eingefallen wären. Viele TV-Stars, die eine Show moderieren, haben – so ist bekannt – mindestens ein halbes Dutzend Gagschreiber. Das sind Leute, die nichts anderes tun, als Pointen für ihren Meister zu produzieren. Möglichst aktuelle Pointen übrigens und möglichst auch solche, die ihm »auf den Leib geschrieben« sind. Und das können die, denn dafür sind sie ausgesucht. Zeit zum Ausdenken ist auch genug da. Wird's aber mal knapp, wenn zum Beispiel ein wichtiges Ereignis wenige Stunden zuvor stattgefunden hat, so offenbart sich auch die Schwäche, stets wie aus der Pistole geschossen publikumswirksame Sprüche zu produzieren. Ergo: Die sprücheklopfenden Promis kochen auch nur mit Wasser.
Und was sich die Gagschreiber in Langzeit ausdenken, plappert der große Meister in seinen Sendungen oftmals nur nach. Darum glauben viele Zuschauer, er sei ein »Superstar« in Sachen Schlagfertigkeit. Aber keiner hindert ihn oder sie mit Gegengags. Kaum ein Gast bietet ernsthaft Paroli.
Und wenn doch ein Gast äußerst schlagfertig ist – na ja, macht nichts. Ein Beispiel:
In einer Sendung »Wetten, daß ...?« im Jahre 2002 hatte Thomas Gottschalk den Boxer Henry Maske zu Gast. Gottschalk war wie immer sehr außergewöhnlich gekleidet. Diesmal hatte er eine lange, bunte Jacke an, die eher an altmodischen Gardinenstoff erinnerte. Maske schaute sich das an und fragte Gottschalk: *»Gibt's so was auch für Männer ...?«* Da war der große Entertainer sprachlos.

Oft sind TV-Shows ohnehin Aufzeichnungen oder zeitversetzte Sendungen – und die lassen sich bekanntlich wiederholen, respektive erneuern, verbessern, ergänzen, kürzen – und auch verlängern, wenn ein Gag »danebengeht«. Für das richtige Schnittmuster einer Sendung gibt es die Cutter (Schneider) in den Studios (Insidername »Shit-Cutter«). Eine wichtige Aufgabe – fürwahr, damit der Star nicht zu schlecht *abschneidet*.
Und damit – trotz allem – die schlagfertigen Gags in vorproduzierten Sendungen auch beim Publikum ankommen, werden sie, vorwiegend in amerikanischen Blödelserien, musikalisch unterstützt oder durch eine »Lach- und Klatschmaschine« wirksam in Szene gesetzt. Ich habe mich selbst dabei erwischt, daß ich mitlachte, als wieder so ein platter Gag in einer dieser typischen amerikanischen TV-Sendungen abgespult wurde. Eine ältere Dame quatschte mit rauchig-versoffener Stimme etwas zu den anwesenden Akteurinnen und ließ den Zuschauern keine Chance, selbst zu entscheiden, wann sie zu lachen hatten. Sie sollten lachen – und zwar immer dann, wenn das Lachen via Band eingespielt wurde. Warum auch ich jetzt lache, fragte ich mich. Schließlich hörte man eine Stimme, bei der jede Katze ihre Jungen in Sicherheit bringen würde. Man lachte über die Schlagfertigkeit dieser älteren Dame, die nur deswegen so gelungen schien, weil ganz offensichtlich Autoren dieser TV-Kunstfigur Schlagfertigkeiten in den Mund legten, die lachmaschinen-unterstützt durch »Zoten Quoten zog«.
Dieses TV-Geblödel mit Kunsthumor dauert kaum eine Stunde. Aber wer wollte ernsthaft solche Typen schon lebenslang in seiner Verwandtschaft oder Nähe haben – ohne Schußwaffe?

Und dann ist an eine TV-Sendung zu erinnern, in der zwei Männer einen Supergag nach dem anderen abschossen. *Die Zwei* waren rhetorisch scheinbar unschlagbar. Wunderschöne, fetzige Dialoge mit originellen Namensgebungen und Bezeichnungen. Wenig später las ich, daß diese Dialoge von einer dafür sehr bekannten Agentur geschrieben wurden. Das spricht absolut nicht gegen diese Agentur. Doch mit realer Schlagfertigkeit hat das nichts zu tun. Alles wird vorfabriziert – und jede Silbe paßt zur nächsten. Aber diese Dialoge sind mit dem feinsinnigen Witz und der versteckten Hintergründigkeit eines Kurt Goetz, Erich Kästner u. v. a. nicht zu vergleichen.

Anfang der 90er Jahre war es, als ich die Ergebnisse des Kürzens einer Sendung persönlich kennenlernte. Zu Gast war ich bei den damals (und auch heute) sicherlich bekanntesten Entertainern im deutschen TV. Anlaß war mein Buch *»Auf alle Fälle recht behalten – dialektische Rabulistik. Die Kunst der überzeugenden Wortverdreherei«*.
In diesem Buch stellte ich dar, wie man Wortverdreherei (Rabulistik) produziert – aber auch, wie man sich gegen Rabulisten erfolgreich wehrt. Letzteres hatten die Rechercheure der Entertainer offensichtlich gar nicht erst gelesen. Und so kam es, daß ich Schlagfertigkeitstechniken anwenden konnte, auf die diese TV-Profis nicht vorbereitet waren. Da war manche Sprachlosigkeit für die TV-Stars drin. Ein Fall für die Profi-Cutter. Sie mußten es rausschneiden. Das tat man dann auch. Und zwar soviel, daß ich meinen eigenen Auftritt nicht mehr erkannte. Doch alles konnte man nun für die Aufzeichnungen nicht schneiden. Aber die besten Schlagfertigkeitsszenen hatte man herausgeschnitten beziehungsweise sequentiell so zusammengesetzt, daß ein »ganz normaler Gastauftritt« dabei herauskam.

Schlagfertigkeit – etwas zu können, was andere nicht können –, das ist der Wunsch vieler Menschen. TV-Sendungen bedienen sich dieser Wünsche. Viel zu sehr sind wir alle jedoch in einer Rationalität (oder Irrationalität!) unserer modernen TV-Medienwelt gefangen. Das Nachdenken wird uns erspart und die Phantasie des Zuschauers »gemanagt«. Längst ist nachgewiesen, daß Fernsehen zu vielem beiträgt, nur nicht zur Förderung der Phantasie und damit zur sozialen Kompetenz vorwiegend unserer Kinder. Und alle diejenigen, die Bücher lesen, Rundfunk oder Schallplatten hören, wissen, wie wertvoll und fördernd für unsere Phantasie gekonnter Witz und Schlagfertigkeit in der Sprache sein kann.

Können sich noch Leser daran erinnern, wie spannend im Hörfunk Serien wie »Paul Temple und der Fall XY ...« waren? Warum zum Beispiel sind heute Sendungen mit Komikern, die Wortspiele in Perfektion beherrschten (z. B. Heinz Erhardt, Hans-Joachim Kulenkampff, Peter Frankenfeld u. v. a.), absolut »in«? Das waren – zunächst – vorwiegend Hörfunkstars. Durch die Sendung »führte« ein Conferencier oder der Star selbst, der sich immer etwas einfallen lassen mußte. Heute gibt's nur Moderatoren, die Vorgefertigtes präsentieren. Ketzer nennen Moderatoren daher Conferenciers, denen nichts einfällt.

Doch das Fernsehen bestimmt unsere Zeit. Mehr als 30 Sender sind via Kabel und TV-Schüssel zu empfangen. Und nahezu jeder Sender muß nach der journalistischen Devise handeln: *Nichts ist langweiliger als die Sensation von gestern.* Und das heißt, es wird *»... jeden Tag eine neue Sau durchs Dorf getrieben ...!«*
Was aber ist geeignet, Einschaltquoten zu erhöhen? Denn nur um die geht es in unserer Zeit.
Die Einschaltquoten erinnern aber an die Regel: Entscheidend ist nicht, was die Zahlen besagen, sondern was sie ver-

schweigen. Und hohe Einschaltquoten sagen über die Qualität einer Sendung ebensowenig aus wie der literarische Wert von Büchern, die nur deswegen in den Bestsellerlisten stehen, weil dort via Ghostwritern beschrieben wurde, wer sein bestes Stück am längsten bei wem versenkt hat. Und hohe Einschaltquoten verzeichnen eben auch TV-Sendungen, die vorgefertigte Dialoge und platte Schlagfertigkeiten präsentieren. Also muß es doch in diesem Bereich einen Bedarf geben.

Aber wie schafft man es, wirklich schlagfertig zu sein, und zwar in jeder Situation? Wer die Palette der entsprechenden Bücher durchsieht, wird stets mit den schlagfertigen Pointen und Sprüchen Prominenter versorgt. An erster Stelle steht immer das Beispiel mit Churchill und Lady Astor – und ich hoffe, daß ich der letzte Autor bin, der dieses Beispiel bringt. Lady Astor: *»Wenn Sie mein Mann wären, würde ich Ihnen Gift geben!«* Churchill: *»Und wenn Sie meine Frau wären, würde ich es nehmen!«*

Soso. Dann folgen zumeist noch weitere Beispiele – und irgendwann stellen sich Leser die Frage: *»Was habe ich davon, daß die anderen so schlagfertig sind, und wie kann ich das lernen?«*

Es gibt einen Wirkungszusammenhang zwischen Rhetorik, Dialektik und der Schlagfertigkeit. Es spricht nichts dagegen, daß einige vielleicht nur ein paar fetzige Sprüche und einfach zu behaltende Techniken erwerben wollen. Wir wollen aber mit diesem Zusammenhang die Leser in die Lage versetzen, in nahezu allen Situationen nicht nur schlagfertig zu sein, sondern weiterführende Dialoge mit den anderen zu führen – also keine Einbahnstraße. Wer das Inhaltsverzeichnis durchsieht, wird erkennen, daß wir kein »Kochbuch« erstellen wollten (»Man nehme …!«); aber ein trockenes Lehrbuch sollte

es auch nicht werden. Das Thema reizt dazu, möglichst viele Hintergründe, Zusammenhänge, Techniken und Möglichkeiten zu verknüpfen. Die Sprache ist mitunter recht flapsig, manchmal sehr sachlich, aber stets darauf gerichtet, die Leser auch zu unterhalten.
Zwei Hinweise:
Wenn wir von Leser sprechen, meinen wir selbstverständlich auch Leserinnen.
Zur Schreibweise haben wir uns entschieden, die alte deutsche Form vor der Reform zu verwenden.

München im Februar 2003
Dr. Dr. Wolf Ruede-Wissmann

Kapitel I:
Voraussetzungen

1. »Gebrauchsanweisung«

1.1 Schlagfertigkeit oder Sanftmütigkeit? Keine Frage!

Wenn sich Schlagfertigkeit auf mehr oder weniger fetzige Sprüche reduziert, so wie es in einigen Büchern beschrieben und in Ruckzuckseminaren vermittelt wird, dann reicht es tatsächlich, ein paar Techniken und dazu passende Sprüche, Antworten oder Aphorismen zu erlernen. Vielleicht genügt das einigen. Aber Schlagfertigkeit, so wie wir es verstehen, ist die Kunst, mit Geist, Witz, nonverbalen Ausdrucksweisen und gekonntem Sprachvermögen in unterschiedlichen Situationen »zu führen«. Diese Führung kann weich oder hart erfolgen. Und dazu sind rhetorische und vor allem dialektische Voraussetzungen notwendig, die unterschiedlich, je nach Absicht, eingesetzt beziehungsweise angewendet werden. Damit ist gesagt, daß Schlagfertigkeit stets von drei Faktoren abhängig ist:

- Personen
- Situationen
- Sachverhalte

Und damit wird auch klar, daß Schlagfertigkeit nicht nach Schema F ablaufen kann, wenn sie effektiv, wirkungsvoll und »führend« sein soll. Ändert sich nur ein Faktor, ist jede auswendig gelernte »Planung« oder Antwort sinnlos. Schließlich ist es ein Unterschied, ob die Schlagfertigkeit dem Chef gilt – oder einem Bekannten, der schlicht auf die Nerven geht, ob Schlagfertigkeit in einer Geschäftsbesprechung, auf einer privaten Party oder im Zweiergespräch erfolgt usw.
Schlagfertig sein – das hört sich für viele danach an, als ob jemand zum Beispiel auf einen Einwand so kontert, daß dieser

vollkommen sprachlos ist. Und um das zu erreichen, so eine gängige Vorstellung, muß man mit einem passenden Konter und mit deutlich-klarer Stimme sein Gegenüber »ausknocken« – und zwar möglichst so, daß alle lachen, zustimmen, Beifall zollen und man danach die wohlige Wärme der Überlegenheit genießen kann.

Beispiel:

Angriff: *»Hallo, Sie reden mehr rechts als wirksam. Sind Sie Mitglied in der NPD?«* Antwort: *»Wenn Verona Feldbusch vom Papst als katholisches Kulturgut gesponsert wird, trete ich diesem Verein bei. Wie denken Sie als alter Kommunist darüber?«*

Klar, mit dieser fetzigen Antwort wäre man in einer Runde der Gruppensieger. Und dann? Wie fühlt sich der andere? Vielleicht wollte er nur ein bißchen sticheln, frozzeln. Und nun steht er oder sie blamiert vor der ganzen Gruppe. Besonders schlimm wird's dann, wenn jemand feixt: *»Deeer hat's dir aber gegeben. Jetzt biste platt. Da weißte nix mehr drauf...!«* Nicht schwierig, sich in die Lage des »Entblößten« zu versetzen, um mitzufühlen, wie er oder sie sich fühlt. Vielleicht ein gequältes Mitlachen. In jedem Fall aber hat man sich einen »Feind« in der Gruppe geschaffen. Jeder erfahrene Referent, der vor einem ihm nicht bekannten Publikum referiert, weiß, daß zum Beispiel Zwischenfrager oder Diskutanten nicht abqualifiziert werden sollten (»abbügeln«), denn damit schafft man – Fachausdruck – »Maulwürfe«. Damit sind Teilnehmer gemeint, die hinterm Rücken, im verborgenen, im Untergrund etc. wühlen, also Stimmung ***gegen*** den Referenten schüren, meist ohne, daß er es direkt selbst mitbekommt.

Man muß darum stets wissen, was man will und erreichen wird, wenn man schlagfertig agiert. Schließlich kann Schlagfertigkeit nicht nur eine originelle, sondern eine scharfe, äußerst gefährliche Waffe sein, vor denen andere sich fürch-

ten (können). Und wer sie sicher beherrscht, gilt im allgemeinen als unangreifbar, also als jemand, der verbal sofort und wirkungsvoll zuschlägt, so daß den anderen die Spucke wegbleibt. Es gibt Zeitgenossen, die es beherrschen, jedesmal und sofort verbal zurückzuschlagen.
Möchten Sie, verehrte Leserinnen und Leser, jeden Tag mit solchen Typen zusammensein? Wäre das nicht so, als lebte man mit einem Schlägertypen zusammen, bei dem man nicht einmal ungestraft »pieps« sagen kann, ohne nicht gleich Prügel zu beziehen?
Eine schreckliche Vorstellung.
Schlagfertigkeit, so wie wir es verstehen, heißt nicht, ständig zu »siegen«. Denn wer immer »siegt«, verliert – und zwar seine Mitmenschen. Besser ist es, mit Schlagfertigkeit zu »gewinnen«. Zwar möchten viele gerne irgendwelchen unsympathischen Zeitgenossen mal kräftig auf ihre »Goschen hauen«, was absolut legitim und verständlich ist – und manchmal sogar wünschenswert. Aber der Schlagfertige sollte »gewinnen«, und zwar die Mitmenschen, und natürlich die Lacher, vor allem die Herzen und am wichtigsten – seinen Gegner! Menschen die Freude an der geschliffenen Rhetorik haben und sie via Aphorismen, Sprüchen und dialektischen Redewendungen praktizieren, haben zumeist auch ein ausgeprägtes, gutes Verhältnis zur Fairneß. Also im Klartext, diese Zeitgenossen freuen sich, wenn es zum rhetorisch-originellen Schlagabtausch kommt. Und die meisten, so unsere Erfahrung, nehmen es von der sportlichen Seite und akzeptieren es, wenn es zwei zu eins für den Gegner steht. Wer aber einen anderen rhetorisch total »platt« gemacht hat, muß sich nicht wundern, wenn er sich einen »lächelnden Feind« geschaffen hat, der auf Rache sinnt (Stichwort: Maulwurf).
Doch wer mit einem anderen, ebenfalls redegewandten Partner rhetorisch, dialektisch und auch nonverbal fightet, im

Duell dann gewinnt (oder auch verliert!), der wird immer wieder die Nähe und eine neue Originalität seines Partners suchen, weil man sich gegenseitig akzeptiert, achtet und *am* und *mit* dem Partner seine rhetorische Kampfkraft im positiven Sinne schärfen will.
Das ist, so meinen wir, erstrebenswert.

Damit hat nach unserer Auffassung Schlagfertigkeit auch eine moralische Seite, die – nochmals verdeutlicht – zur Zielfrage führt: Was will ich mit Schlagfertigkeit erreichen? Diese moralische Seite mit ihrer Zielfrage hat nach unserem Verständnis auch mit Verantwortung gegenüber seiner sozialen Umwelt zu tun. Die schlagfertige Redekunst ist eine Macht. Wer sie beherrscht, kann Macht ausüben; zum Wohle oder zum Schaden anderer. Und wer Macht ausüben kann, der *kann* sie auch mißbrauchen. Klartext: Zeitgenossen, die ihre Schlagfertigkeit undifferenziert, ständig und zum Schaden anderer ausüben, begehen Machtmißbrauch. Vergleichen wir das doch einmal mit einem Kampfsportler, der zum Beispiel eine asiatische Kampfsportart beherrscht und somit für Nichtgeübte praktisch nicht angreifbar ist. Doch statt mit diesen Fähigkeiten sinnvoll umzugehen, schlägt dieser zu, wo immer er kann – wohl wissend, daß niemand Abwehrtechniken beherrscht, die ihm Paroli bieten könnten. Aber das gilt auch: Machtmißbrauch hat noch niemandem genutzt, jedenfalls nicht auf die Dauer. Die »Geschädigten« werden sich wehren – wie immer das geschieht und aussieht. So sind, wie viele Leser sicher Beispiele vorbringen können, Schlägertypen stets nur von Deppen und Speichelleckern umgeben. Und irgendwann kommt auch zu ihnen der »Heilige Geist«. So nannten wir bei der Bundeswehr (in den 60er Jahren) die Strafe von Kameraden für einen, der seine Stubenkameraden ständig mit seiner aggressiven Kampftechnik drangsalierte. Ein einzelner aber konnte es nicht mit ihm aufnehmen. Er beherrschte damit unsere Stube (acht Mann), gab sich als Boß und – »befahl«! Sich beim Kompaniechef zu beschweren galt als unsoldatisch. Das wäre Verletzung der Kameradenehre. Und worüber auch? Unmöglich. Doch es half – der »Heilige Geist«. Darunter verstand man damals, daß dieser Soldat abends von der Kneipe auf dem Weg zur Kaserne einen Sack über den Kopf gestülpt bekam und er dann von mehreren Kameraden mit Knüppeln verprügelt wurde. Ein solches Ritual reichte einmal, um vor seinen Drangsalierungen Ruhe zu haben.

1.2 Schlagfertigkeit ist erlernbar. Und dann?

Zunächst muß auch gesagt werden, daß zum Erlernen bestimme Voraussetzungen vorliegen beziehungsweise geschaffen werden müssen. Das wichtigste – so banal es klingen mag – ist die Freude an der Sprache, an der Rhetorik und am Dialog mit anderen. Klar, daß eine Begabung für eine »flinke Zunge« nicht gerade schädlich ist. Doch die richtigen Antworten werden im Kopf formuliert und dann gesprochen. Eine ständiges Schnell- und Dauerplappern ohne richtige Überlegung ist wirkungslos, meisten sogar nervig.
Nicht der- oder diejenige ist schlagfertig, der oder die einen anderen verbal zusabbert, sondern diejenigen, die höchst pointiert und zielsicher passende Bemerkungen, Zitate oder Einwände bringen. Und die hohe Kunst der schlagfertigen Konversation besitzen jene, die ihre Schlagfertigkeit als Voraussetzung für die Weiterführung des Gesprächs machen und sie nicht etwa als ein »Todesstoß« verstehen. Um es nochmals sehr deutlich und klar zu formulieren: Schlagfertigkeit bedeutet für uns nicht eine Einbahnstraße, die irgendwo mit einem Knall endet, sondern eine Straße mit Gegenverkehr.

Und da gelten bekanntlich einige Regeln, damit es nicht zum Crash kommt.
Natürlich ist verständlich, daß es mitunter »juckt«, einen Joker voll auszuspielen. Aber dabei sind wir wieder bei der Zielfrage, was wir erreichen sollen.

Dazu ein Beispiel:
In einer Diskussion argumentiert Ihr Partner gegen Ihre Meinung. Sie antworten:
»Das kann bestimmt nicht alles sein. Was spricht nun wirklich gegen meine Meinung, und welche Begründung haben Sie?« .
Mit einer solchen klaren, bestimmten Erwiderung kann Ihr Partner »leben«. Er wird sich Mühe mit seiner Antwort geben, denn Sie haben ihn nicht »platt« gemacht, sondern die Chance zum fairen Dialog gegeben.
Statt dieser Erwiderung verschärfen Sie nun Ton und Sprache und erwidern ironisch-bissig:
»Also ich warte, was da noch kommt. Vermutlich halten Sie Ihre besten Argumente noch in Reserve. Denn der Mist, den Sie da gerade genannt haben, kann doch wohl unmöglich Ihr Ernst sein ...!«
Das ist jetzt keine faire Aufforderung zum fruchtbaren Dialog, sondern eine Abklassifizierung der Meinung des anderen als »Mist«, den niemand ernst nehmen kann – verpackt in eine Boshaftigkeit. Sie greifen also Ihren Partner nicht auf der Sachebene, sondern auf der emotionalen Beziehungsebene an. Mit anderen Worten, Sie treten eine Lawine los. Es gelingt nur wenigen, jetzt auf der Sachebene zu antworten, um den beginnenden Disput nicht eskalieren zu lassen (z. B.: *»Herr Kollege, lassen Sie uns bitte sachlich bleiben. Es geht mir darum, daß ...!«* usw.).
Für die anderen Beteiligten aber entsteht zunächst einmal der Eindruck von Ihnen, daß Sie sich schlagfertig und wirk-

sam wehren können. Sie haben einen ganz normalen Zweifel rhetorisch-emotional so verpackt, daß er als »zur Sache gehörig« nicht mehr erkennbar ist. So wird auch der Gesprächspartner versuchen, neudeutsch gesagt, zu »punkten«. Die Eskalation ist nicht mehr aufzuhalten. Ein solches Gespräch, wenn es denn eines war, ist schlicht nutzlos, wenn man die Ergebnisse betrachtet. Der Unterhaltungswert kann allerdings höher liegen. Und wie sehr es reizt, Schlagfertigkeit so zu verstehen, daß jemand mit einem Schlag »fertig« ist, vermag die dritte Antwortvariante zu verdeutlichen:
»Herr Kollege, bleiben Sie ruhig bei Ihrer Meinung. Für Sie ist die gut genug ...!«

Das hat gesessen! Die Frage ist nur, wo es gesessen hat, also wohin Sie geschlagen haben und was das für Konsequenzen hat. Geschlagen haben Sie auf die Emotionen, auf die Gefühle, auf die Achtung des Gegenübers – und getroffen haben Sie die Persönlichkeit, das Selbstwertgefühl des anderen. Diese höchste Stufe der unfairen Schlagfertigkeit funktioniert – so unsere Erfahrung – noch nicht einmal in bierseliger Partystimmung bei einem Freund. Denn Unfairneß generell ist in aller Regel auch durch das »War-doch-nur-Spaß-Syndrom« nicht zu verwischen oder zu relativieren. Es bleibt stets ein Nachgeschmack. Psychologisch ist das erklärbar, denn derjenige offenbart das Vorhandensein einer bösartigen Facette in seiner Persönlichkeit, die wir und andere vielleicht nicht haben und uns davor ohne Zweifel erschrecken. Ob die Schlußfolgerung zulässig ist oder nicht, aber im allgemeinen sagt man sich: *»Wer dazu fähig ist, der ist auch zu noch Schlimmerem fähig!«* Nehmen Sie das Beispiel von einem Nachbarn, der Ihnen im Grunde durch nichts Besonderes aufgefallen ist. Und plötzlich werden Sie Zeuge, wie er einen jungen Hund bestialisch tritt und prügelt, nur weil dieser sich auf

sein Grundstück verirrt hat und nicht mehr weiß, wo es rausgeht. Dazu war dieser Nachbar also fähig.
Schlagfertigkeit ist erlernbar. Und dann sollte man damit originell, aber vor allem kommunikativ weiterführend umgehen. Die schönste Form der Schlagfertigkeit ist die, bei der alle Beteiligten – auch der Angesprochene – entweder mitlachen oder sich angespornt fühlen, ebenso originell noch »eins draufzusetzen«. Denken Sie stets daran:
Wer immer »siegt«, verliert – und zwar seine Mitmenschen.

1.3 Sie müssen sich psychologisch rüsten!

Wetten, daß Sie ohne psychologische Rüstung schlappmachen? Gehen Sie jeder kontroversen Diskussion aus dem Weg? Sehen Sie weg, wenn ein Farbiger auf der Straße angepöbelt wird? Ärgern Sie sich, aber unternehmen nichts, wenn im Supermarkt oder im Kaufhaus der »Service« schlicht unfreundlich war? Herrscht Ihr Hausmeister Sie da und dort an – und Sie ducken sich? Drehen Sie sich um, wenn ein Filmteam auf der Straße Passanten befragt? Haben Sie Respekt vor Menschen in Uniform (Polizei etc.)? Berührt und »schlucken« Sie es, wenn ein Nahestehender zu Ihnen sagt: *»Du bist aber schlecht gekleidet«?* Ärgert es Sie, wenn ein Kollege oder gar der Chef zu verstehen gibt, daß »... *das* besser Kollege Müller machen sollte ...« – obwohl Sie *das* auch könnten? Haben Sie Angst, sich in einer Versammlung zu Wort zu melden, nachdem ein prominenter »Experte« gesprochen hat?

DIE KINDERKRANKHEITEN DER SEELE BRECHEN ERST BEI DEN ERWACHSENEN AUS.

Da muß es also irgend etwas geben, was Menschen hindert, *so* und nicht anders zu handeln. Es muß Gründe geben, warum

viele sich nur mit dem einen zufriedengeben – und nicht nach dem anderen, dem vielleicht Besseren streben.
Wenn man diese Gründe erkennen könnte, wäre es möglich, nicht an den Symtomen herumzudoktern, also sich anzupassen, sich mit dem Status quo zufriedenzugeben, sich »in das Schicksal zu ergeben«, sondern über die Ursachen hinaus zu einer genauen Analyse und damit zu einer wirksamen Therapie respektive Änderung unseres Verhaltens zu gelangen.
Was hat das mit Schlagfertigkeit zu tun? – ist eine berechtigte Frage. Die Antwort ergibt sich aus dem Wollen, aber (scheinbar) nicht Können vieler Zeitgenossen. Die Ursachen, sich etwas nicht zuzutrauen und damit etwas nicht zu können, liegen in aller Regel in uns selbst und sind frühzeitig als Wurzeln in uns gelegt. Gelingt es, diese Wurzeln respektive Ursachen zu erkennen, kann und wird es möglich sein, uns durch unsere eigene Kraft selbst zu verändern. Es gilt, die Ursachen für ein mangelndes Selbstwertgefühl herauszufinden. Das ist unter anderem ein Aufgabengebiet der Psychologie. Ein kleiner Exkurs soll uns diese Aufgaben näherbringen.

Um es vorweg zu sagen: In diesem Exkurs geht es nicht darum, ob Sie aus einer Familie mit sogenanntem höheren oder niedrigem gesellschaftlichen Status stammen, um daraus etwa soziale oder rhetorische Defizite abzuleiten. In diesem Kapitel geht es darum, daß Sie sich über Ihr jetziges Verhalten und über die Ursachen, die dazu geführt haben, klarwerden. Das ist darum sehr wichtig, weil andere Ihr Verhalten kennen und ihre Abwehr darauf aufbauen können. Wenn es Ihnen aber gelingt, Ihre Schwächen zu erkennen, dann können Sie sich psychologisch und rhetorisch wappnen, um diese Schwächen, die sich in einem möglicherweise falschen Verhalten äußern, selbst zu kontrollieren.
Der Körper spricht schon, auch wenn wir noch nichts gesagt

haben – lautet eine bewiesene kommunikative Weisheit. Aber was wird durch die Körpersprache (Kinesik) »gesprochen« und warum? Hier gibt es keine monokausale Erklärung, denn die Gründe sind äußerst vielfältig, es ist ein Faktorenbündel. Doch man kann einige Faktoren mit besonders prägenden Wirkungen hervorheben. Zwei dieser Faktoren lassen sich benennen in

a) Ausdrucksformen, die man (wieder-)erkennt, und
b) Ausdrucksformen, die man nicht einordnen kann.

Die Erkennung bzw. Wiedererkennung hat mit Erlebnissen und Erfahrungen aus der Vergangenheit zu tun. Hier sind zwei Instanzen in der Sozialisation prägend. Zum einen ist es die Familie und zum anderen die Schule. Selbstverständlich, und nochmals sehr deutlich gesagt, es gibt individuell für jeden Menschen ein Bündel von Faktoren, ebenso natürlich auch vererbungsbedingte Einflüsse. Aber für nahezu alle Menschen gelten zur Verhaltensbeschreibung die Erlebnisse und Erfahrungen aus ihrer frühen Sozialisationsphase. Diese Zeit kann grob umschrieben werden vom Schuleintritt (sechstes Lebensjahr) bis zur Pubertät (ab dem elften Lebensjahr). In dieser Zeit wird hauptsächlich durch diese beiden Instanzen der Grundstein für Verhaltensweisen gelegt, die auch im späteren Leben Bedeutung haben. Ab der Pubertät zählen dann andere Werte, und danach beginnt, zum Beispiel im Berufsleben, salopp gesagt der »computerhafte« Teil unseres Lebens.

Dazu einige Beispiele:
Stefanie, ein achtjähriges, stilles und ruhiges Mädchen, wird von der Mutter aufgefordert, den Kaffeetisch abzuräumen: *»Stefanie, bring schon mal das Geschirr in die Küche. Aber paß auf, daß du nicht mit dem guten Geschirr hinfällst!«*

Prompt passiert das Mißgeschick, denn das Kind wurde negativ programmiert. Aber es kommt noch dicker. Mutter: *»Ich habe dir doch extra gesagt, du sollst vorsichtig sein. Aaach, wenn man nicht alles selber macht. Das gute Geschirr von Oma. Du machst aber auch alles falsch. Jetzt geh in dein Kinderzimmer!«*

Ein anderes Beispiel:
Lisa ist elf Jahre alt und besucht die Hauptschule. Viel Spaß macht ihr die Schule nicht, denn sie hat Ärger mit den Lehrern. Und weil sie oft schlechte Noten nach Hause bringt, hängt auch dort der Segen schief. Anläßlich der Rückgabe der letzten Mathearbeit, die sie wieder »verbockt« hat, kommentiert der Lehrer vor der Klasse die Arbeit mit den Worten: *»Wir haben das doch alles genau durchgesprochen. Aber du hast nichts kapiert. Entweder du willst nicht oder du bist zu dumm!«*
»Zu dumm«, rufen einige Mitschüler in die Klasse (es ist noch nicht allzu lange her, da wurde auch die Bemerkung angeschlossen: *»Aus dir wird nie was Gescheites. Am besten, du heiratest!«).*

Gabi geht in die gleiche Klasse und ist in fast allen Fächern die Beste. Stets wird sie gelobt und als Vorbild für die anderen hingestellt: *»An Gabi können sich alle mal ein Beispiel nehmen. Nicht einen einzigen Fehler hat sie gemacht, und darum bekommt sie wieder eine Eins.«*
Nun könnte man darüber diskutieren, warum in unserer Gesellschaft zum Beispiel Ärztepfusch bestraft wird, nicht aber Lehrerpfusch, obwohl sich dieser unter Umständen weit gravierender auf das spätere Verhalten auswirkt. Aber davon haben Sie, die Sie sich jetzt auf Schlagfertigkeit vorbereiten, auch nichts.

Darum zunächst ein weiteres Beispiel:
Mona, ein quicklebendiges achtjähriges Mädchen, rennt gerne schnell und laut das Treppenhaus rauf und runter, und auch im Kinderzimmer geht's nicht gerade leise zu. Monas stundenweise berufstätige Mutter erfährt eines Tages wütende Beschwerden der anderen Hausbewohner, insbesondere des Hausmeisters. Der Vermieter droht sogar schriftlich im Wiederholungsfall mit Kündigung. Das Fiasko ist perfekt, als eines Nachmittags eine von einer lärmempfindlichen Nachbarin herbeigerufene Polizeistreife erscheint. Im selben Moment kommt Monas Mutter nach Hause, und sie muß sich sowohl von Nachbarn wie auch von den Polizisten schlimme Dinge anhören. Wieder allein in der Wohnung, wird Mona von ihrer Mutter sehr eindringlich ermahnt, in Zukunft nicht nur leise zu sein, sondern den Bewohnern, insbesondere dem Hausmeister und selbstverständlich Polizisten, mit Respekt zu begegnen. Um diese Ermahnung wirkungsvoll zu unterstreichen, erläßt die Mutter für Mona ein vierzehntägiges Kino- und Schwimmbadverbot.

Ein weiteres Beispiel:
Max ist zehn Jahre alt. Während der Schulpause rempelt er aus Versehen einen größerer Mitschüler an, was dieser mit den Worten quittiert: *»Ich schlag' dir gleich eins aufs Maul!«* Max: *»Das wagst du nicht!«* Prompt schlägt der andere zu, und Max kassiert kräftige Prügel. Fortan geht er diesem Schüler und dessen Gruppe ängstlich aus dem Weg.
Julius, ebenfalls zehn Jahre alt, geschieht ähnliches. Der aber wehrt sich so unerwartet stark und erfolgreich, daß die umstehenden Schüler ihm applaudieren.

Szenenwechsel.
Die Schulzeit ist vorbei. Alle genannten Kinder sind im Beruf.

Stefanie hat sehr frühzeitig »gelernt«, daß sie viel falsch macht. Ihr Selbstbewußtsein wird nicht sonderlich stark ausgeprägt sein, und so wird es kaum verwunderlich sein, daß sie einem Fahrplan gehorcht, den andere für sie aufgestellt haben.

Lisa, die in der Schule oft »dumm« gescholten wurde, wird ihr Leben lang auf das Reizwort »dumm« reagieren – und das kann sehr differenziert sein. So könnte ihr Chef zu ihr sagen: *»Das war dumm, was Sie gemacht haben«,* und sie wird es sich nicht weiter zu Herzen nehmen, weil sie das nicht so eng sieht. Da es aber gesellschaftlich problematisch ist, jemanden persönlich als »dumm« zu klassifizieren, könnte ein Chef das auch umschreiben: *»Frau (Lisa) Müller, hier ist eine wichtige Aufgabe, die viel Grips erfordert und den Sie … äh … ach, lassen Sie mal. Das macht besser Frau Meier.«* Frau Müller empfindet das so, als sei sie zu »dumm«.
Gabi, die Einserschülerin, macht ebenfalls einen Fehler. Wütend sagt der Chef zu ihr: *»Also soviel Verstand und Kenntnisse muß man doch verlangen können, damit so ein gravierender Fehler nicht passiert! Wofür werden Sie denn bezahlt?«*

Es sind gleiche Wahrnehmungen, aber eben sehr unterschiedliche Umsetzungen dieser Wahrnehmungen (Verhalten). Kein Prozessor arbeitet so schnell, wie diese Akteure die in ihrem Unterbewußtsein gespeicherten Reizworte erkennen und – das ist das Entscheidende – in »Verhalten« umsetzen. Und das Verhalten kann nun sehr differenziert ausfallen. Das Geheimnis, jemanden bewußt »klein« zu halten, basiert auf der Kenntnis über solche Reizreaktionen eines Menschen. So sind die meisten Stellenbeschreibungen in Firmen, auf die sich Chefs so gerne beziehen (besser: zurückziehen und dahinter verbarrikadieren), demzufolge eine »Zwangsjacke für Ihre Weiterentwicklung« – natürlich kaschiert mit mehr oder weniger intelligenten Erklärungen. Enggefaßte und sehr detaillierte Stellenbeschreibungen sind nichts weiter als »Management by Champignons«. Sobald einer den Kopf rausstreckt: mit Dreck bewerfen und köpfen.

Zurück zu unseren Beispielen.
Mona, das Mädchen mit dem Kino- und Schwimmbadverbot, wird besonders schlimme Verhaltensmerkmale in ihren späteren Jahren aufweisen. Sie hat es »gelernt«, sich anzupassen – vor allem an sogenannte »Respektspersonen«. Solche Erlebnisse und (falsche!) Reaktionen der kindlichen Vertrauensinstanz Familie sind besonders geeignet, Duckmäuser zu schaffen. Seit Ende des 19. Jahrhunderts lernen Deutsche von Kindesbeinen an, Menschen in Uniform und Respektspersonen zu achten. *»Steck einen Hausmeister in eine Uniform, und er fühlt sich als Vorgesetzter!«* – spottete schon meine Großmutter.

Von Max, der Prügel bekommen hat, und Julius, der sich erfolgreich wehrte, war in den anderen Beispielen die Rede. Das Trauma von Max, unerwartet Prügel zu bekommen, könnte ihn sein Leben lang verfolgen. Er wird vorsichtig sein, sich mit jemandem anzulegen. Julius hingegen könnte als Erwachsener einen Konfrontationskurs gegen alle diejenigen fahren, die ihn in seiner Existenz angreifen.

Natürlich sind alle diese Erklärungen sehr stark vereinfacht. Die Gründe für ein bestimmtes Verhalten als Erwachsener sind in den wenigsten Fällen monokausal. Psychologen und Sozialwissenschaftler wissen, daß es meistens ein Faktorenbündel ist, welches Menschen zu einem bestimmten Verhalten in einer bestimmten Situation bringt. Sehr gute Erklärungsmodelle liefert uns die Transaktionsanalyse über diese (und andere) Sachverhalte.

Aber in diesem Exkurs ging es nicht darum, eine wissenschaftlich exakte Ableitung und Begründungen zu beschreiben, sondern die Leser aufzufordern, eine Erklärung für ihr Verhalten bei sich selbst zu suchen – und sich dabei an möglichst viele Schlüsselerlebnisse aus ihrer Jugend zu erinnern und diese kritisch auf ihr heutiges Verhalten zu beziehen. Denken Sie also über »Ihre Schlüsselerlebnisse« nach.

1.4 Selbstwertgefühl, Selbstbewußtsein – und wichtige Übungen

Ihre erste Maßnahme muß die Überprüfung Ihres Selbstbewußtseins werden. Selbstbewußtsein kann man sich nicht einfach überstülpen wie einen Pullover. Ein gesundes Selbstbewußtsein kann nur aus einem intakten Selbstwertgefühl entstehen. Und wer wüßte nicht, wie leicht es möglich ist, dieses anzukratzen. Hat man Ihnen also von Kindesbeinen an eingetrichtert, daß Sie dieses und jenes nicht schaffen, daß Sie versuchen sollten, sich immer und stets anzupassen, niemals den »Helden zu spielen« und ein Risiko einzugehen? Dann hat man Ihnen quasi persönlichkeitshemmend – wenn auch mit anderen Worten – gesagt: Wer kriecht, kann nicht fallen. Und wie viele Menschen gibt es in Ihrer unmittelbaren Umgebung, die einem Fahrplan gehorchen, den andere für sie aufgestellt haben?

Prüfen, überprüfen und schärfen Sie darum Ihr Selbstwertgefühl. Gehen Sie dabei nach dem Grundsatz vor: Ich bin ich, und du bist du! Was immer der andere hat, wie viele Titel, wieviel Ansehen und Vermögen ihn schmücken, verfahren Sie nach dem einfachen Grundsatz: Behandle mich als Mensch – und auch ich werde dir als Mensch begegnen. Trennen Sie sich von dem Wort »nur« in bestimmten Situationen (*»Ich bin nur Sekretärin, ich bin nur Sachbearbeiter, ich bin nur für diese Arbeit eingestellt.«* Geradezu unerträglich sind Aussagen wie: *»Ich bin nur Hausfrau!«).* Lassen Sie sich nicht einreden, daß die und die Position oder das und das Gehalt »nur« für andere bestimmt sei. Wer Ihnen das sagt, ist der eine. Aber Sie sind der andere!

Doch gehen Sie stets überlegt vor. Lassen Sie es selbst nicht zu, daß Ihre Emotionen Ihre Ratio ausschalten. Wir alle kennen das: Man ist wütend, regt sich auf, und ein Wort ergibt das andere. Der Krach, der Unfrieden und oftmals die Beleidigung sind da. Und wir alle wissen, daß wir im Zorn schon mal etwas sagen oder tun, was uns hinterher leid tut. Was ist geschehen? Unsere Körperfunktionen, nämlich die Produktion von Streßhormonen, die die sinnvolle Aufgabe haben, zum Selbstschutz die Ratio auszuschalten, Reflexe zu bewirken, spielen uns in dieser Situation, die nicht dafür vorgesehen war, einen üblen Streich: Wir reagieren bei Themen, die uns besonders nahegehen und uns berühren, ausschließlich auf der emotionalen Beziehungsebene. Die Ratio ist ausgeschaltet.

Ein paar Alltagsübungen:
Was können Sie im Alltag tun, um sich zu wappnen, um nicht in Ihren Schwachstellen einzusinken, um nicht »ins offene Messer zu laufen«? Wenn Sie überzeugt sind, ein intaktes Selbstwertgefühl und damit ein gesundes Selbstbewußtsein zu haben (was der Autor von den meisten Lesern hofft), dann ist es nicht unbedingt erforderlich, die folgenden Empfehlungen zu lesen. Wenn Sie jedoch gewisse Defizite in Sachen Selbstbewußtsein bei sich ausgemacht haben, dann brauchen Sie keinesfalls über glühende Kohlen oder Glasscherben bei einem dieser selbsternannten Schwindelgurus zu laufen – das ist nur ein kurzes und vor allem zweifelhaftes Vergnügen, was

für Ihr Selbstbewußtsein die Bedeutung hat wie für eine Kuh der Sonntag. Diese Motivationsclowns entlassen ohnehin nur enttäuschte Hoffnungen und hohe Rechnungen (finanziell und sozial).

Wappnen Sie sich besser für den Alltag durch »Ihren Alltag«. Machen Sie sich durch Chancen in Ihrem Alltag genau dort stark, wo Sie bisher (selbst erkannt) schwach waren.

Beispiele:
Hat man Ihnen eingetrichtert, daß Respektspersonen mit Achtung zu begegnen sind? Na schön. Dann tun Sie das doch mal. Sprechen Sie auf der Straße möglichst laut (aber nicht beleidigend, sondern freundlich!) einen Polizisten an und fragen ihn zum Beispiel, was seine Dienststelle respektive er selbst dafür tut, damit die Kinder in seinem Bezirk sicher zur Schule gelangen (Verkehrsüberwachung, Blitzanlagen, Kontrollen, 30er Zonen, Begleitung usw.). Vielleicht wird er oder sie jetzt mit mehr oder weniger intelligenten Floskeln antworten. Stellen Sie aber nur Fragen, und brechen Sie rechtzeitig das Gespräch mit einem »Danke« ab. Entscheidend ist nicht, ob Sie die Diskussion für sich entschieden haben, entscheidend ist, daß Sie sich getraut haben!

Finden Sie auch Behördengänge deswegen so unangenehm, weil Ihnen hier der geballte Mief deutscher Amtsstuben entgegenschlägt? Machen Sie doch daraus mal eine fröhliche Runde. Treten Sie in eine Amtsstube ein, ohne anzuklopfen, und reden Sie drauflos. Oder öffnen Sie mal Türen, die nicht für Sie bestimmt sind (woher sollen Sie das denn wissen, daß Sie da nicht reindürfen?). Oder fragen Sie, da Sie am Ende der Schlange stehen, mal laut den Schalterbeamten, was er tun kann, damit es schneller geht oder wie er seine Freizeit gestaltet.

Ähnliches gilt für den Supermarkt. Wenn nur eine Kasse besetzt und die Warteschlange schon sehr lang ist, dann machen Sie doch einmal Ihrer Empörung Luft und rufen laut: *»Wo bleibt die Besetzung der anderen Kassen? Wir sind Kunden und keine Bittsteller!«* Zunächst werden Sie erleben, daß Sie sehr viel Zustimmung von den Wartenden erhalten. Und in den meisten Fällen erleben Sie bei entsprechender Unruhe, daß die anderen Kassen besetzt werden. Denn das »fehlende Personal«, gerade mit irgendeiner anderen Arbeit beschäftigt (oder auch nicht), hat ebenfalls einen Chef, der streng auf Kundenorientierung achtet.

Findet gerade in Ihrer Stadt eine Bürgerversammlung statt, oder spricht ein Politiker beziehungsweise Interessenvertreter über die Notwendigkeit, seinem Vorschlag zu folgen? Eine günstige Gelegenheit für Sie. Gehen Sie mit einer Kollegin oder einem Kollegen, ausgerüstet mit einigen Gegenargumenten, dorthin, denn im Anschluß erfolgt meistens eine Diskussion. Melden Sie sich zu Wort, und bringen Sie mit fester Stimme Ihr Argument vor. Auch hier ist es nicht wichtig, daß Ihnen die gesamte Versammlung zujubelt, sondern daß Sie aus Ihrem Schatten getreten sind und sich getraut haben.

Handeln ist in. Aber in unserer modernen Industriegesellschaft ist alles strukturiert und normiert, und darum haben wir das Handeln verlernt – im Gegensatz zu arabischen, asiatischen oder afrikanischen Kunden. Ein halbes Pfund Margarine kostet eben 69 Cent. Blöd, jetzt handeln zu wollen. Das haben andere schon für uns getan. Wir müssen nur noch kaufen. Aber das ist nicht in allen Konsumgüterbranchen so. Ein Kleid oder ein Anzug, ausgezeichnet mit 250 Euro, wird auch so bezahlt. Die pfiffigen Käufer stellen sich ein Sortiment zusammen und fragen dann den Verkäufer nach einem Rabatt –

was der natürlich schnarrend ablehnt *(»Wir haben hier nur Festpreise!«).* Was spricht dagegen, sich den Abteilungsleiter kommen zu lassen, um mit ihm weiterzuverhandeln? Und in den meisten Fällen springt tatsächlich ein kleiner Rabatt heraus. Aber selbst wenn das nicht der Fall ist, haben Sie wieder einmal »geübt«. Sie haben sich getraut. Das ist schon ein »Rabatt in sich«.

Gehen Sie ab und zu mal gerne in ein Restaurant? Ärgert Sie das auch, wenn die Bedienung, gerüstet mit Block und Bleistift, schon ungeduldig auf die Bestellung vor dem Tisch wartet, obwohl man die Speisekarte gerade erst bekommen hat? Wenn es ein gutes Restaurant ist: Vorsicht. Jeder Ober hat auch psychologische Fähigkeiten. An der Art, wie Sie das Lokal betreten, wie Sie sich bewegen, wie Sie sprechen, wie Sie Ihre Platzwünsche äußern, Ihre Bestellung aufgeben, hat er Sie schon »typisiert«: Weichei, Durchschnitt oder Vorsicht!
Überwinden Sie Ihre Scheu. Verhalten Sie sich so, daß Sie nicht sofort einzuschätzen sind (Übung mit einer Kollegin oder einem Kollegen). Bleiben Sie nicht zaghaft-ängstlich an der Eingangstür stehen, sondern schreiten Sie selbstbewußt erst einmal durch das Lokal und bleiben an einem Tisch stehen, der Ihnen gefällt. Der Ober muß jetzt auf Sie zugehen. Das ist er nicht gewohnt – aber er kommt! Gleich, welchen Tisch Sie auch nehmen, bitten Sie den Ober sofort zum Beispiel um einen weiteren Aschenbecher, um eine Kerze oder sonstiges. Signalisieren Sie, daß Sie sich mit »Standard« nicht zufriedengeben. Die sofortige Banausenfrage nach den Getränken beantworten Sie: *»Getränke müssen bei uns zum Essen passen. Bitte um etwas Geduld.«*
Und sollte er Sie dann mit Nichtachtung strafen, stehen Sie einfach auf, gehen auf den Ober zu und fordern ihn auf, die

Bestellung aufzunehmen. Bei Ihrer zweiten Aktivität wird jeder Ober schwach!

Und auch die Rechnung sollten Sie nicht unkommentiert bezahlen. Lassen Sie sich, wenn erforderlich, die einzelnen Posten erklären, und bitten Sie um eine finanzamtlich vorgeschriebene Rechnung (heute ist es in vielen Lokalen üblich geworden, den Gästen nur Kassenbons vorzulegen. Wehren Sie sich dagegen!).

Auch hier ist nur eines wichtig: Sie haben sich getraut! Sie haben sich nicht mit dem abgegeben, was man für Sie »vorgesehen« und Ihnen vorgelegt hat.

Und dann wären da noch die lieben Nachbarn, Bekannten und Kollegen – alles kostenlose Sparringspartner für Sie. Zeigen Sie mal Mut in der Ansprache, aber mischen Sie diese. Es bringt nichts, der stets schweigsamen Nachbarin einen gepfefferten Spruch zu liefern. Besser etwas lockerer und freundlicher:

»Hallo, Frau Krause. Einen hübschen Mantel haben Sie an. Der kleidet Sie vorteilhaft und spricht für sich …!«

Ihren Zeitungshändler fragen Sie:

»Guten Morgen, Herr Müller. Was spricht dagegen, daß Sie heute mal eine Stunde früher schließen?« – »Na, Sie sind gut! Was sollen meine Kunden sagen?« – »Dasselbe wie ich: Schade, daß schon geschlossen ist …!« Tun Sie's aber nur, wenn er Humor hat …

Natürlich kann man auch Antworten durch Reizworte provozieren und das Gespräch damit bewußt lenken. Nehmen wir als Beispiel das Wort »offen«. Sie sagen einem Kollegen:

»Heute halte ich verschiedene Dinge offen!«

Ein interessanter Test kann nun beginnen. Der Kollege könnte antworten:

1. *»Sie wollen sich sicher einige Optionen für heute offenhalten!«* Oder:
2. *»Sie meinen damit hoffentlich nicht Ihr Mundwerk …!«* Oder:
3. *»Was an Ihnen offen ist, findet man rückseitig …!«*

Die Antworten wirken zunächst sehr schlagfertig, sind aber sehr aufschlußreich. Sie geben Auskunft über den Kollegen.
Zu 1.: Eine positive Antwort eines Kollegen, der sich für Ihre Meinung interessiert. Mit diesem Kollegen kann man gut auskommen.
Zu 2.: Ein humorvoller Kollege, wenn die Antwort nicht bissig, sondern schmunzelnd kam. Das ist eine gute Gelegenheit zum kleinen Fight: *»Was stört Sie am meisten, Herr Kollege, mein gutes Aussehen, meine Fachqualifikation oder meine Schweigsamkeit?« – »Daß Sie so prächtig lügen können, Herr Kollege …!«* Ein Wunschkollege.
Zu 3.: Ein mistiger Kollege. Der will nicht originell fighten, sondern verletzen. Da hilft nur der Hammer: *»Ich leiste mir eben heute das, was Sie immer haben: ein Opening am verlängerten Rückgrat …!«*

Trainieren Sie darum, wo immer es geht. Sie können nur gewinnen. Denn selbst, wenn Sie auf einen Zeitgenossen treffen, der Ihnen schlagfertig begegnet, dann sind Sie lediglich der Normalität begegnet. Irgendeiner wird immer besser sein. Was soll's? Geht's etwa nur darum? Orientieren Sie sich nicht an Gottschalk, Schmidt und anderen. Orientieren Sie sich am Machbaren, an sich selbst. Erleben Sie, und freuen Sie sich über kleine erfolgreiche Schritte. Es ist »Ihr Erfolg!« Was nützt Ihnen Churchill?
Und noch eines. Achten Sie mal darauf, wie wenig Menschen auch in diesen kleinen Dingen von der vorgesetzten Norm

abweichen. Sie akzeptieren, was andere ihnen vorsetzen. Geben Sie sich nicht zufrieden mit dem, was man Ihnen vorsetzt oder bietet. Die wenigsten Menschen beschweren sich. Das ist fatal, denn auf diese Weise wird sich in der Servicewüste Deutschland nur wenig ändern. Scheuen Sie sich auch nicht, eine schriftliche Beschwerde zu verfassen. Nur so erfahren Chefs vom Fehlverhalten ihrer Mitarbeiter etwas. Was würde Ihr Chef tun, wenn man sich über Sie massiv beschwert hätte? Richtig, Sie werden zum Chef zitiert.
Unterschätzen Sie den psychologischen AufbaueEffekt bei sich selbst nicht, wenn Sie es wagen, etwas zu tun, um sich zu wehren!

Die Kehrseite der Medaille:
Es finden sich jeden Tag unzählige Möglichkeiten, Ihr Selbstbewußtsein zu steigern. Aber machen Sie keine »Christenverfolgung« daraus. Denn eine andere Komponente ist ebenfalls sehr wichtig. Sie gehört nicht nur dazu, sie ist geradezu Dreh- und Angelpunkt allen Handelns: Offenheit und Freundlichkeit. Denn man beachte: Nur und ausschließlich solche Übungen, wie oben empfohlen, durchzuführen, kann Sie leicht in die Lage versetzen, rechthaberisch, ja, verbissen zu werden. Mit anderen Worten: Es kann auch einen »falschen Erfolg« geben.

Verlieren Sie also nicht höfliche und freundliche Züge Ihres Wesens. Auch hier können Sie jeden Tag in »Ihrem Alltag« üben. Das beginnt damit, daß am Frühstückstisch nicht gemeckert, sondern ein freundliches Wort gesprochen wird – auch wenn die anderen »muffeln«. Es geht weiter, daß Sie ganz spontan eine Nachbarin oder einen Nachbarn nicht nur grüßen, sondern fragen, wie es geht. Wenn Sie im Auto sitzen und sich früher über das rücksichtslose Verhalten anderer geärgert haben, gehen Sie etwas runter vom Gas und murmeln vor sich hin: *»Ich werde an einer wichtigeren Stelle Gas geben.«*

Und im Aufzug, der oft mit fremden Leuten besetzt ist und wo alle nach oben oder unten schauen, machen Sie doch mal etwas, was Sie selbst verblüffen wird. Beginnen Sie ein Gespräch, vielleicht eingeleitet mit einem netten Spruch: *»Wenn's voll ist, wird's erst richtig gemütlich!«* oder ähnliches. Oder man stellt eine lustige Frage: *»Entschuldigen Sie bitte, können Sie mir sagen, wohin der Aufzug fährt? Ich bin hier fremd!«* Sie werden verblüfft erleben, daß Ihre Mitfahrenden geradezu dankbar für die kleine Auflockerung sind.

Tja, und dann betreten Sie fröhlich Ihr Büro oder Ihren Arbeitsplatz, und da lauert schon ein Kollege, Vorarbeiter oder der Chef, um Ihnen zum Beispiel einen Fehler vorzuhalten. Alle gute Laune ist wie weggeblasen.
Doch stopp!
Wenn Sie jetzt von Ihrer gewählten Linie abweichen, resignieren oder Ihre Emotionen zur Entfaltung kommen, dann gehorchen Sie wieder diesem persönlichkeitshemmenden Fahrplan, den andere für Sie aufgestellt haben und Ihnen aufzwingen wollen. Jetzt heißt es: Ruhe bewahren, souverän bleiben und *Fragen stellen*! Warum das sicherlich nicht einfach ist, aber lösbar, wird im folgenden Abschnitt erklärt.

1.5 Wer reden kann, ist besser dran! Und wenn die Worte fehlen?

Unsere Erfahrung ist, daß gerade bei denjenigen Menschen, die nicht besonders redegewandt sind, der Wunsch nach Schlagfertigkeit stark ausgeprägt ist. Und natürlich gibt es dazu auch eine psychologische Erklärung. Nehmen wir mal eine Meisterschaft im Turniertanzen, die im Fernsehen übertragen wird. Der Wunsch, auch nur annähernd so elegant mit der Partnerin oder dem Partner übers Parkett schweben zu können – möglichst vor den erstaunten, neidischen Augen seines Chefs –, ist verständlich. Vielleicht haben diesen Wunsch einige und begründen ihn mit einem Seufzer. Doch ist das Turnier beendet und der Fernseher ausgeschaltet, ist auch der Wunsch, das auch zu können, »ausgeschaltet«, denn er begegnet uns im Alltag nicht mehr.

Das ist mit der Rhetorik und Schlagfertigkeit anders. Der Wunsch, sie zu beherrschen, begegnet uns schon morgens in der Tram, im Bus, im Betrieb, in der Kantine, in der Besprechung, im Kundengespräch, beim Chefrapport, beim Nachbargespräch, im Privatbereich usw. usw. Und dieser Wunsch wird täglich erneuert – das ist der Grund.

Wer reden kann, ist besser dran! – wußten schon unsere Großeltern. Und Hand aufs Herz, verehrte Leser, sind in Ihrer privaten und beruflichen Umwelt nicht auch Menschen, die Sie um ihre Redegewandtheit beneiden? Schauen Sie nicht auch bewundernd auf die Redeprofis in politischen Talk-Shows, Parteirunden oder Interviews? Die können scheinbar mühelos auf Knopfdruck Zusammenhänge in flüssiger Rede herstellen, die wir vorher ganz anders sahen. Doch wer sich die Mühe macht (und den Nerv dazu hat ...), sich vor wichtigen Wahlen die meisten Polit-Plappershows anzusehen und anzuhören, der wird feststellen, daß zwei Dinge stets gleich sind:

1. Niemand beginnt mit einer direkten Antwort, sondern man beginnt mit den scheußlichen Floskeln: *»Ich habe ja immer gesagt, daß ...!«*, oder: *»Zunächst einmal müssen wir ...!«* usw. Niemand geht auf das Argument des anderen direkt ein – also das, was wir »Otto Normalverbraucher« im täglichen Leben tun.

2. Wenn es in einer Runde keinen Tisch, sondern nur Stühle gibt, ist die erste körpersprachliche Aussage das Übereinanderschlagen der Beine – ob Männer oder Frauen. Scheinbar ist es für die meisten Menschen unmöglich, ganz normal in der offenen Körperhaltung zu sitzen.

Sachverhalte werden eingebunden in eine rhetorische Verpackung, und diese wird dann um so origineller präsentiert, je schwächer das inhaltliche Argument ist. Ein Meister dieser rhetorischen Methode ist Bundeskanzler Gerhard Schröder. Das brachten ihm die entscheidenden Punkte zur Wiederwahl im September 2002.
Was bedeutet das? *»Zunächst einmal bedeutet das ...!«* – könnten wir nun wabernd in Politikermanier antworten. Tatsache ist, daß die Redeprofis mit rhetorischen »Vorschaltungen« und »Umschreibungen« agieren, die sie in einen logischen Zusammenhang stellen. Das hört sich kompliziert an, ist es aber nicht. Es ist eine erprobte Vorgehensweise, und zwar so, als würden Sie es gelernt haben, einen Gabelstapler zu fahren und es immer wieder tun (müssen). Also sind Vorschaltungen und Umschreiben in einer Rede ein rhetorisches Hilfsmittel, und die Einbindung in einen logischen Zusammenhang ebenfalls. Klar ist damit gesagt, daß oftmals Schlagfertigkeit diese Voraussetzungen beinhaltet. Aus dem direkten Weg wird ein indirekter. Und das ist es, was die Redekunst für Nichtgeübte scheinbar so schwierig erscheinen läßt. Schwierig deshalb, weil es nicht »unsere Art« ist, weil wir nicht jeden Tag Gabelstapler fahren müssen (und wollen!).

Dazu ein Beispiel:
Ihre Nachbarin, Frau Schmitz, sagt zu Ihnen:
»Hallo, Frau Schneider, gut daß ich Sie treffe. Im Supermarkt

nebenan gibt es ein tolles Sonderangebot für Waschmittel. Ich kann nur empfehlen zuzugreifen.«
Ihre »normale« Antwort:
»Ach prima, daß Sie mir das sagen, Frau Schmitz. Da gehe ich gleich morgen hin!«
Jetzt antworten Sie in Politikermanier:
»Zunächst einmal, verehrte Frau Schmitz, müssen wir die Frage klären, welche Mengen dort abgegeben und welche Mengen in einem Haushalt aufgenommen werden können. Wir haben ja in unserem Haushaltsvorstand immer gesagt, ein Verbrauchervorteil ist nicht nur von der Menge, sondern auch …!« usw.

Wünschen Sie sich eine solche Nachbarin? Nein?
Politiker, die so reden, werden allerdings gewählt …!
Dieses »Waschmittel-Beispiel« brachte ich in einer Runde von Leuten, die mich kannten. Allgemeine Reaktion: *»Genau richtig! Genauso machen die Politiker das. Sie reden um den heißen Brei herum. Schrecklich …!«* Eine Kollegin bemerkte daraufhin mir gegenüber ganz trocken: *»Und Sie bringen denen das auch noch bei …!«*
Das 1 : 0 für diese Kollegin habe ich einfach akzeptiert.

Entscheidend ist es nun nicht, diese Formen zu übernehmen, sondern die Erkenntnis, daß es oftmals auf die Verpackung ankommt – auch wenn der Inhalt wichtiger ist. Eine wesentliche Komponente der Schlagfertigkeit ist damit aufgezeigt, und zwar:
Geradeaus zu sprechen, so »wie uns der Schnabel gewachsen ist«, mag sicher löblich erscheinen und als Alibi für diejenigen fungieren, die sich nicht mehr zutrauen (wollen!). Für eine gelungene Schlagfertigkeit aber ist das nicht ausreichend. Wir benötigen Umschreibungen, Kaschierungen, Doppeldeutigkeiten, Synonyme usw. sowie den Mut, diese einzusetzen.

Und wenn die Worte fehlen?
Dann lernt man, wie mit einfachen Mitteln die Sprachlosigkeit überwunden werden kann. Das ist möglich – glauben Sie uns. Beispiel dazu:
Sicher können Sie schwimmen. Erinnern Sie sich noch an die ersten Schwimmstunden? Der Sportlehrer brachte den Schülern bei, wie man mit den richtigen Arm- und Beinbewegungen und der entsprechenden Puste nicht nur über Wasser bleibt, sondern sich sicher fortbewegen kann. Ohne diese Kenntnisse und ohne diese helfenden Trainings wäre man wohl schlicht abgesoffen. Aber wir haben es gelernt zu schwimmen. Und heute freuen wir uns auf den Besuch im Freibad, im Hallenbad oder auf den Urlaub an der See.
Wenn man etwas wirklich will und das mit energischer Kraft durchzusetzen versucht, muß man die notwendigen Voraussetzungen lernen und trainieren. In manchen Fällen ist das nicht so einfach. Stellen Sie sich bitte mal vor, Sie sollten innerhalb kürzester Frist die chinesische Sprache in Wort und Schrift lernen und beherrschen. Welch ein unvorstellbares Projekt. Schließlich sind die Zugänge hier ganz andere, als sie es bei den Vorgehensweisen sind, die unsere Kultur, unsere Sprache und unsere Rituale umfassen.
Doch in unserem Fall, nämlich die Schlagfertigkeit zu erlernen, ist das nicht so. Wir bewegen uns in unserer Kultur, in unserer Sprache und in unseren Ritualen. Es ist kein »unerreichbares Riesenprojekt«, sondern zuallererst eine Einstellungsfrage, die dann verbunden wird mit einigen Lernstationen.
Eine davon ist »Rhetorik und Dialektik«.

Kapitel II:
Rhetorik und Dialektik

2. Rhetorik

2.1 Nonverbale Wirkungselemente

Plötzlich kommt jemand zur Tür herein, und der Raum ist gefüllt.
Wo ist jetzt der Zusammenhang? – werden Sie fragen. Dieser ist leicht herzustellen. Es geht nun um die Wirkung Ihrer Körpersprache und um Ihr Äußeres. Wer kennt die Situation nicht: Es ist eine langweilige Gesellschaft, kaum interessante Typen, es wird nur Blabla erzählt, die meisten nuckeln am Sektglas, einige murmeln »interessant«, meinen aber fade, und das Ganze nennt sich dann Vernissage, Stehempfang oder dergleichen. Dankbarkeit der Gäste zeigt sich nur, wenn die Begrüßung und Ansprachen vorbei sind. Zwei Ereignisse bewirken im allgemeinen eine Situationsänderung. Entweder es betritt eine Person mit unerhörter Ausstrahlung die Szene – und alles schaut sie gebannt an. Wie geht's weiter, wo geht sie hin, wer hat Kontakt mit ihr? – usw. Oder es bildet sich ein Grüppchen, in der es wirklich interessant und vor allem humorvoll zuzugehen scheint. Wie gerne gesellt man sich doch dazu, statt mit Nobodys Belangloses abzuplappern. Mitunter hat man auch das Pech, von jemandem mit »waldsterbenden« Öko-Sprüchen »zugetextet« zu werden, der seinem Äußeren zufolge die letzten Monate vermutlich im Wald zugebracht hat. Oder es ist jemand, der bereits schon zu Beginn der Veranstaltung zu tief ins Glas geschaut hat und seine nun gelockerte Zunge den gehorteten Sprachmüll der letzten Wochen lallend freigibt. Da heißt es nur noch: Nach der Toilette fragen und Reißaus nehmen. Am besten irgendwie unbemerkt zu diesem lustigen Grüppchen dazustellen und mit-

lachen. Doch statt, daß dort billige Witze gerissen werden, hören Sie, wie einige Gesprächspartner sehr pointiert und schlagfertig ein Gespräch bestreiten. Aber niemand wird beleidigt, blamiert oder abqualifiziert. Es scheinen sich sogar wechselnde Koalitionen immer dann zu ergeben, wenn einer oder eine besonders schlagfertig war. Wie auch immer, es macht Spaß, in dieser Runde zu sein beziehungsweise ihr zuzuhören. Da drehen Sie Ihren Kopf zur Seite, und eine wenig attraktive Dame im Schlabberlook fragt Sie mit verkniffenem Gesicht aufgesetzt bissig: *»Und was sagen Sie als Außenstehender zu Intelligenz?«* Das verschlägt Ihnen die Sprache. Vermutlich wollte die Dame nur originell und schlagfertig sein, sie wirkte aber nur plump. Und genau das paßt auch zu ihrem Äußeren. Sie (oder er!) ist absolut nicht Ihr Typ. Und jetzt?

Schlagfertig müßten Sie jetzt auf diese Unverschämtheit antworten:

»Die beste Art, Intelligenz zu beweisen, ist es, auf solche Fragen nicht zu antworten!« Und wenn das nicht reicht, könnten Sie noch eins drauflegen: *»Wo lassen Sie denken, und warum haben Sie keinen Erfolg damit?«*

Da bleibt nur noch ihre Rechtfertigung: *»Wieso, ich hab' doch Erfolg!«*

Da reizt es dann zu sagen: *»Na, dann üben Sie mal weiter. Irgendwann klappt's bestimmt!«* Dann umdrehen und weggehen.

Aber alles das fällt Ihnen nicht so schnell ein. Es reicht nur zum *»Ehä, tja, gute Fraaage…!«*. Und wenn's diese Person draufhat, wird sie kontern: *»Und, haben Sie auch eine gute Antwort?«*

Diese Vernissage ist gelaufen. Mit Visitenkarten austauschen ist nichts. Und überhaupt, dieser Typ eben, unmöglich. Was der (oder die) sich wohl einbildet, und wie blöd die/der aussah.

Und irgendwie sind die ganzen Leute hier so – denken Sie sich. Bloß weg. Hierbleiben lohnt nicht. Biologische Nullrunde.

Aber nun stellen wir uns mal vor, da hätte eine zauberhafte junge Dame mit einem unerhört liebenswürdig-kecken Lächeln Ihnen diese Frage gestellt. Statt daß Sie Bissigkeit herausgehört hätten, kam es Ihnen so vor, als wäre das eine charmante, versteckte Aufforderung zum Kennenlernen. Besonders hat Ihnen gefallen, daß diese Dame Sie so wunderbar angelächelt hat. Selbst wenn Sie der zuvor beschriebenen Schlagfertigkeit mächtig gewesen wären – Sie hätten sie wohl kaum angewandt. Vielleicht hätten Sie sogar das Gegenteil geprobt, nämlich sich »liebenswürdigerweise hilflos und geschlagen geben«. Die sich daran anschließende Konversation wird dann vermutlich getragen von dem stetigen Versuch beider, in wahrlich netter und niemals verletzender Form zu »punkten«. Eine wunderbare Vernissage, so Ihre Schlußfolgerung. Es hat sich gelohnt.
Was ist geschehen?
Es war sicher nicht nur die bissige Art der Frage sowie des Tonfalls und der Stimmlage, welches die erste Dame so unsympathisch erscheinen ließ, sondern auch ihre Körpersprache, Mimik – dazu vermutlich ihre Gestik und vielleicht auch ihr Outfit.
Schlagfertigkeit soll überzeugend und nachhaltig wirken. Und um das zu erzeugen, müssen verbale und nonverbale Wirkungselemente beherrscht und eingesetzt werden. Ein noch so schlagfertiger Spruch oder ein gezieltes Argument sind ohne besondere Wirkung, wenn sie nicht mit der passenden Körpersprache, passenden Gestiken oder passender Mimik unterstrichen werden. Vergleichen wir das mit Überzeugungsreden verschiedener Politiker im Fernsehen. Nach mehrheitlicher Zuschauerauffassung wirkt der- oder diejenige am überzeu-

gendsten, welcher oder welche die passende körpersprachliche Aussage anwendet. Und je nach Inhalt oder Schärfe des Arguments wird die nonverbale Aussage der Rede angeglichen.
Beispiel: Ein Politiker bietet in einer TV-Sendung seinem Kontrahenten an, mit ihm zusammenzuarbeiten. Dazu wird er mit einer eher weichen Handbewegung (locker ausgestreckter Arm, senkrechte, geöffnete, unverkrampfte Handfläche) und einer freundlichen Mimik auf seinen Kontrahenten für die Dauer seiner Argumentation zeigen, und seine Handfläche bewegt sich dabei im Rhythmus seiner Worte weich und beruhigend. Es ist alles in allem eine versöhnliche Geste, eine »Handreichung«.
In einer anderen Szene jedoch beschuldigt er seinen Kontrahenten, für die Sache XY allein verantwortlich zu sein. Der Ton seiner Stimme wird schärfer, die Mimik ernster, die Körperdrehungen zu ihm abrupter, und seine Hand am geraden, ausgestreckten Arm ist fast geschlossen, beziehungsweise mit dem Zeigefinger zeigt er auf seinen Gegner, ohne ihn ständig anzusehen – den Finger vorwurfsvoll wippend im gleichen Rhythmus seiner Argumentation.

Daraus folgt eine einfach Regel:
Die körpersprachlichen Aussagen müssen zum Gesagten passen. Auch wenn diese Regel simpel erscheint, so ist sie doch in der Praxis nicht immer leicht durchführbar. Schließlich gilt stets die schon benannte Regel, daß der Körper bereits spricht, auch wenn man noch nichts gesagt hat. So ist häufig zu beobachten, daß jemand, der auf eine Bemerkung antworten möchte, es nicht abwarten kann, bis der andere ausgesprochen hat.
Von entscheidendem Vorteil wäre es, wenn man neben den Grundformen eine möglichst breite Palette der nonverbalen Wirkungselemente beherrscht.

Körpersprache (Kinesik):
Hier unterscheidet man grob die offene und die geschlossene Haltung im Sitzen und im Stehen.

Bild 1 und 2: Offene Körperhaltung

Bild 3 und 4: Geschlossene Körperhaltung

Mimik:
Die Mimik ist das wohl wirkungsvollste Ausdrucksmittel, da man im Gespräch im allgemeinen den Blick auf das Gesicht des anderen gerichtet hat. Grundformen lassen sich hier nicht sinnvoll unterscheiden – die Palette ist zu umfangreich. Aber zwei wichtige Formen muß jemand beherrschen, der schlagfertig sein will: das Pokerface und die düpierende (täuschende) Mimik.

Beispiel:
Äußert jemand eine Auffassung oder eine kontroverse Meinung, so ist es normal, daß sein Gesprächspartner schon während seiner Rede bestimmte Stimuli gibt (z. B. Kopfschütteln oder Nicken, Hinundherwiegen des Kopfes, Hochziehen der Augenbrauen usw.). Man signalisiert damit, wie man zu der gegnerischen Auffassung steht – und damit hat der Gegner die Chance, noch eins »draufzusetzen«, bevor seine Rede endet. Mit anderen Worten: Wer eine Meinung vorbringt, hat eine Erwartungshaltung an den anderen, und die zeichnet sich schon in der Mimik ab (jemand erzählt eine lustige Geschichte; die anderen machen dazu ein lächelnd-freundliches Gesicht usw.). Vollkommen irritiert sind die meisten, wenn die Mimik der anderen nicht der Erwartungshaltung entspricht. Beispiel: Jemand bringt ein Argument vor und erwartet Zustimmung. Der andere jedoch macht ein Pokerface und reagiert überhaupt nicht. In den meisten Fällen kann man folgende Beobachtung machen:
Derjenige, der argumentiert, wird noch energischer beziehungsweise massiver und versucht somit, die mimische Zustimmung des anderen zu bekommen. Bekommt er sie immer noch nicht, ist er vollends irritiert, denn ein Pokerface ist in unserem westlichen Kulturkreis ein Novum in einem Gespräch, also etwas, was in der Kommunikation »nichts zu su-

chen hat«. Besonders wirkungsvoll ist es, wenn der Gegner das auskostet, indem er auch nach dem Redeende des anderen nichts sagt und ihn nur mit dem immer gleichen Pokerface anschaut – ohne eine einzige mimische Reaktion. Wer das schafft, wird verblüfft sein, wie die Umwelt reagiert. Zumeist ist es eine Art der Hilflosigkeit. Man kann damit schlicht nicht umgehen, man hat keine Reaktionsmöglichkeiten. Durch das Nichtstun entstand diese Irritation. In der Kommunikation »erwarten« wir normalerweise stets etwas. Vergleichen Sie das bitte mit einem Radiogerät. Sie haben einen Sender eingestellt und hören Musik. Plötzlich ist ohne Grund die Musik weg. Man hat herausgefunden, daß es nicht länger als zehn Sekunden dauert, bis man reagiert, am Sendeknopf dreht. Wir können es scheinbar nicht ertragen, daß bei unserer Erwartungshaltung ... nichts passiert. Insofern ist der Vergleich in der Kommunikation von »Sender« und »Empfänger« recht zutreffend. Wenn uns der Sender nicht mehr paßt, suchen wir uns einen anderen oder stellen das Gerät ab.

Üben Sie also auch mal das Nichtstun in der Kommunikation, und genießen Sie Ihre erstaunte Umwelt. Im schlimmsten Falle können Sie ja versöhnlich sagen: *»Muß man immer etwas sagen?«* Reaktion: *»Nein, aber Sie könnten doch zumindest ...!«* Ihr Konter: *»Wo ist dieses Gesetz beschrieben?«*

Diese Übungen funktionieren am besten natürlich im Zusammenwirken mit der verbalen Kommunikation oder, besser gesagt, mit dem Schweigen.

Aber auch andere mimische Reaktionen sind zur Schlagfertigkeit wichtig, so der Suggestivblick. Auch der fällt so manchem schwer, gehört aber unbedingt zum Instrumentarium. Sie können das gut vor einem Spiegel üben. Sie bringen eine kurze Meinung deutlich und energisch vor, schauen sich dabei im Spiegel an, gehen zugleich mit Ihrem Kopf etwa zehn Zentimeter vor und verharren kurz in dieser Position mit

dem intensiven Blick. Eine besonders wirkungsvolle Suggestion entsteht im Gespräch dann, wenn Sie mit Ihrem Kopf wieder zurückgehen, aber den Blick fest auf den Gegner gerichtet lassen und nichts sagen. Auch hier werden Sie in den meisten Fällen eine eher hilflose, oft auch überstürzte Reaktion Ihres Gegenübers beobachten können. Die Reaktion kann man mit etwas Übung vorher einkalkulieren und den Gegner mit kurzen Hieben vollends aus der Fassung bringen: *»Das ist falsch!«* Häufige Reaktion: *»Wieso soll das falsch sein? Ich habe doch …!«* Happig kann's werden, wenn Sie in diese Rechtfertigung die harsche Bemerkung einbringen: *»Schon wieder falsch!«* Oder: *»Wann kommt etwas Richtiges?«* Die Aufforderung des Gegners, jetzt zu erklären, warum das falsch ist, kontern Sie mit der kurzen Bemerkung: *»Alles im Zusammenhang. Bitte machen Sie weiter!«*
Übrigens hat das Wort »falsch« für die meisten von uns eine wirkungsvolle Bedeutung. Schließlich war es das wohl meistgehaßte Wort des Lehrers in der Schule. Und welche Wirkungen solche Erlebnisse auf unser späteres Verhalten haben, wurde bereits im Abschnitt 1.3 erläutert. Besonders auf Menschen, die sich für gescheit halten und kaum Widerspruch erwarten, wie Chefs, Vorgesetzte, Beamte, Politiker, Bekannte usw., wirkt das schneidend gesprochene Wort *»falsch«* äußerst wirkungsvoll. Auch hier die häufigste Reaktion: Wechsel der Argumentation von der Sachebene auf die emotionale Beziehungsebene: *»Davon haben Sie wohl kaum eine Ahnung!«, »Sie können das wohl nicht begreifen, oder …?«*
Warum sich aber Juristen mit dem Wort »unrichtig« statt »falsch« eine Verzierung abbrechen, konnte noch niemand schlüssig erklären.

Eine weitere wirkungsvolle Facette der mimischen Wirkungen ist die übergangslose Verwendung zweier Reaktionen. So

können Sie Ihrem Gegner lächelnd etwas erklären und mit Beginn des kurzen Schlußsatzes etwa eine ernsthafte Mimik aufsetzen. Beispiel:
(Erst lächelnd:) *»Ich bin sicher, Herr Schneidereit, daß Ihre Argumentation zur Gaudi vieler Menschen beitragen wird.* (Jetzt ernsthaft:) *Mehr wird auch wohl nicht dabei herausspringen. Denn wer soll so einen Blödsinn schon ernst nehmen?«*
Der Trick besteht darin, daß die mimischen Reaktionen ohne Übergang, also quasi schockartig erfolgen. Damit bringt man den Gegner schnell aus der Fassung.

Unverzichtbar im Repertoire ist jedoch die mimische und rhetorische Unterstützung am Ende eines schlagfertigen Argumentes: *»Jetzt fassen Sie doch bitte, Herr Kollege, Ihre Ausführungen noch einmal so zusammen, daß Sie Ihre Zuhörer nicht nerven, sondern erfreuen ...!«* (und jetzt lachen). Sollte nun eine bissige Replik Ihres Gegners kommen, schlagen Sie stets zu mit der bereits bekannten Antwort: *»Na ja, dann üben Sie mal weiter* (oder)*... noch ein bißchen. Wird schon werden ...!«* (dabei eher väterlich-joviales Kopfnicken mit süffisantem Lächeln). Sollte Ihr Gegner jetzt antworten: *»Damit ich so werde wie Sie? Bestimmt nicht!«,* kontern Sie lässig-überlegen: *»Na also. Klappt ja schon. Weiter so!«*

Gestik:
Auch die Gestiken müssen zum Gesagten passen. Sie dürfen niemals »Nachkömmlinge«, sondern müssen Vorläufer einer Aussage sein. Im Klartext: Die Gestik muß schon (zumindest) andeuten, wen oder was man meint. Oder – sie muß eine Überraschung sein. Aber auch hier gilt: Eher sparsam einsetzen, denn Übertreibungen wirken in unserem Kulturkreis lächerlich. Die Zuordnung der Gesten kann grob in drei Wirkungsbereiche eingeteilt werden:

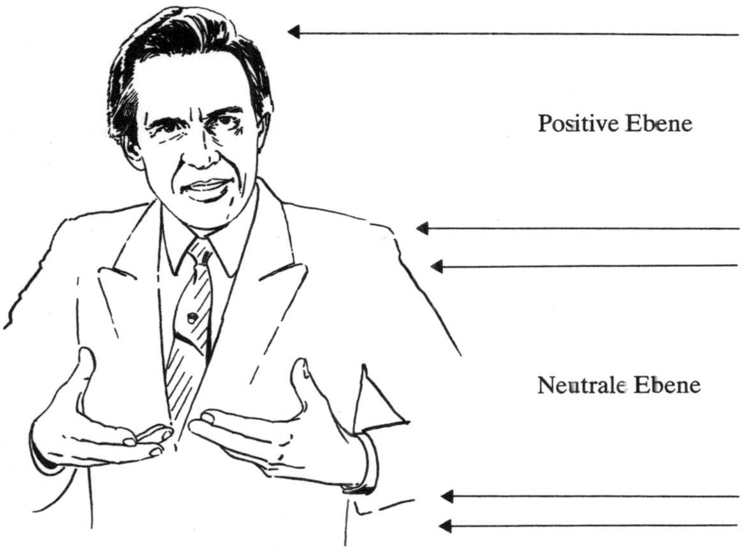

Wirkungsvolle Gesten unterstreichen und betonen eine verbale Aussage. Sie sprechen Verstand *und* Gefühle an.

Outfit und Olfaktorik:
»Nach deinem Kleide wirst du empfangen, nach deinem Verstande entlassen« – besagt eine stets gültige Verkäuferregel. In einem mittelständischen Unternehmen der Elektronikbranche gab es einen Gruppenleiter, der sich – neben fachlicher Qualifikation – durch zwei Eigenarten auszeichnete: Zum einen versah er seinen Dienst stets in Flatterjeans, Bunthemden, Turnschuhen und Dreitagesbart. Der gesamte Eindruck war immer irgendwie schmuddelig. Zum anderen aber hatte er oftmals lustige und schlagfertige Bemerkungen parat, was natürlich bei allen gut ankam. Und so verging

kaum ein Tag, an dem dieser Mitarbeiter nicht seine witzigen Antworten präsentierte. Erstaunlicherweise aber wurde er bei wichtigen Besprechungen aller Gruppenleiter mit dem Bereichsleiter kaum beachtet. Seine Einwände »hingen stets in der Luft«. Er konnte seine Auffassungen nicht durchsetzen. Was war geschehen?
Ganz einfach, der Mitarbeiter hatte sich mit seinen witzigen Bemerkungen zum »Kasper« unter den Gruppenleitern gemacht, denn sein unordentliches Outfit und seine ständigen Witzchen paßten irgendwie zu dem Bild einer Comicfigur. Hier ist ein fataler Wirkungszusammenhang zwischen verbalen und nonverbalen Elementen entstanden. Vor allem sein stets miserables Outfit trug wesentlich dazu bei, daß er als Person insgesamt nicht ernst genommen wurde.
Die Frage nach dem Zusammenhang zwischen gepflegtem Äußeren, positiver Kommunikation und Sympathie ist mehrfach untersucht worden und gilt darum wie folgt als gesichert, daß gepflegte, gutaussehende Menschen sympathischer sind und auch mehr Erfolg haben.
Man muß also darauf achten, daß die Wirkungsfaktoren zusammenpassen. Wenn jemand in einer Gruppe steht, in der kein Gespräch, keine Konversation zustande kommt und dieser Jemand dann diese Gruppe mit Witzchen über Witzchen beehrt, dann darf er sich nicht wundern, wenn er als Pausenclown von den anderen betrachtet wird. Ernst wird man ihn jedenfalls nicht nehmen.
Aber Achtung, es gibt auch die andere Wirkungsseite. Anläßlich eines Empfangs bei Regionalpolitikern tauchte ein etwa dreißigjähriger, unrasierter Mann auf, der durch seine schlampiges Äußeres auffiel. Zudem strecke er seinen dicken Bierbauch demonstrativ raus. Da stand er nun und gab einige politische Bemerkungen und Vorstellungen von sich, die im Grunde gar nicht schlecht waren, sich aber mit den Auffas-

sungen der anwesenden Politiker nicht deckten. Man hörte hin, aber irgendwie traute sich niemand, sich wirklich zum Gesprächspartner dieses Schmuddelvogels zu machen, in dem man sich dazugesellte. Die Situation war irgendwie gespannt und auch peinlich, denn der Mann benahm sich ja nicht daneben. Plötzlich ertönte recht laut die Stimme eines älteren Politikers, der ihm zurief: *»Wissen Sie was? Bringen Sie erst mal Ihr Äußeres in Ordnung. Dann reden wir über Ihre innere Haltung!«* Einzelnes, spontanes Klatschen und Lachen war die Folge, der Typ schüttelte verlegen den Kopf, stellte sein Glas ab und … ging.

»Olfaktorische Okkupation« – nennt man das umständlich, was wir alle unter »stinkt wie ein Moschusochse« kennen. Wenn sich die Sekretärin kurz vor dem Diktat noch eine kräftige Brise eines sehr geruchsintensiven Parfüms genehmigt, dann »okkupiert« sie das Chefzimmer. Hier gilt oftmals auch der Grundsatz, daß weniger mehr ist. Vor allem Männer sollten sich hüten, sich ein extrem stark riechendes Rasierwasser oder Männerparfüm »umzuhängen«. Verzichten Sie auf alles überlagernde Gerüche. Sie verbinden nicht, sondern trennen – auch wenn uns die Werbung ständig etwas anderes suggerieren will.
Aber auch andere Gerüche, wie zum Beispiel Schweiß-, Körper- und Mundgeruch, Knoblauch- oder Alkoholfahne, Rauchkletten usw. sind »Garanten der Antipathie«. Zuhörer sind dann nicht mehr mit dem Gesagten beschäftigt, sondern nur noch mit dem »Verdauen« und Überstehen der üblen Gerüche. Hier wird dann der Begriff »Schlagfertigkeit« tatsächlich verballhornt, nämlich daß man mit schlampigem Äußeren und schlechten Gerüchen bei anderen »auf einen Schlag fertig ist«, was immer man Originelles zu antworten hat.

2.2 Verbale Wirkungselemente

Deutlich gesagt wurde bereits, daß die verbalen und nonverbalen Wirkungselemente zusammengehören und im »Verbund« erst wirksam werden. Streng genommen sind sie gar nicht zu trennen, denn eine schlagfertige Antwort mit unbewegter Mimik ist bereits ein Zusammenwirken beider Faktoren.
Die verbalen Elemente, also vereinfacht alles was unsere Sprache ausmacht und was wir sprechen, ist so umfangreich und vielfältig, daß eine Darstellung den Rahmen dieses Buches sprengen würde. Wir beschränken uns darum auf die Elemente, von denen wir sagen können, daß die Kenntnis und Beherrschung dieser Elemente zur Schlagfertigkeit notwendig sind.

2.2.1 Sprechen und Sprache

Erfahrungsgemäß ist es nicht das Aufnehmen, Erlernen und Verinnerlichen der Vorgehensweisen zur Dialektik und Schlagfertigkeit, die für weniger »Sprach- und Sprechbegabte« das Feld so schwierig machen, sondern – salopp gesagt – der Output. Letztlich ist ja das, was hörbar gesagt und sichtbar gemacht wurde, das Entscheidende. Doch oftmals haben Menschen Sprechblockaden. Die einen haben sie, weil sie sich nicht trauen, etwas laut und deutlich zu sagen, und die anderen fürchten, daß das, was sie sagen, Blödsinn ist und sie ermahnt oder ausgelacht werden. Beides führt zu Blockaden. Und diese zu überwinden ist nicht einfach – aber lösbar! Siehe hierzu auch Kapitel I.
Nochmals deutlich, sehr deutlich müssen wir darauf hinweisen, daß das Sprechen und die Sprache die wichtigsten Voraussetzungen sind, Dialektik und Schlagfertigkeit »zu können«. Sonst geschieht das, worüber sich viele ärgern: Das Beste fällt einem erst danach ein ...! Oder man sinniert über

eine passende Antwort: *»Wenn der mir das noch mal sagt, dann werde ich ihm antworten, daß ...!«* Aber er sagt es nicht noch einmal. Und wenn sich eine ähnliche Situation einstellt, dann hat mit Sicherheit »er« auch etwas Besseres.

Wer also im Herausbringen der Worte Defizite hat, kann und muß diese abbauen, und zwar durch drei Dinge: üben, üben und nochmals üben.

Aber auch die Spezies, die zuviel reden, also die »Sabbertüten«, »Plaudertaschen« und »Babbelköppe«, müssen ermahnt werden, diszipliniert zu sprechen und öfter mal – schlicht gesagt – den Mund zu halten. Nichts ist für ein gutes Gespräch so tödlich wie die Anwesenheit eines Vielredners. Schnell entsteht aus erhoffter Schlagfertigkeit eine *Schlaf*-Fertigkeit. Es ist übrigens unserer Erfahrung nach nicht einfach, Vielredner zur Sprechpause zu bringen, da sie die Nervigkeit ihres Tuns nicht merken. Wenn es gar nicht mehr zu ertragen ist, dann helfen folgende »verbale Stinkbomben«:

»So, Herr Kollege! Und nun fassen Sie bitte das Ganze mal in einem Satz zusammen, ***ohne*** *Ihre Zuhörer zu nerven!«*

Antwortet er/sie jetzt: *»Wieso, ich hab' doch niemanden genervt!«,* dann setzen Sie den Standardsatz obendrauf, den wir bereits schon gelernt haben: *»Soso! Na, dann üben Sie noch mal ein bißchen. Wird schon werden, Herr Kollege ...!«*

Oder aber Sie sagen mit einem leicht verwirrten, ungläubigen Gesichtsausdruck: *»Ach, äh, Herr Kollege, Sie haben doch einen interessanten Beitrag angekündigt, beziehungsweise den haben wir erwartet. Und jetzt hören wir diese belanglose Plapperei von Ihnen. Was ist der Grund?«*

Auch jetzt kann er/sie antworten: *»Wieso? Den anderen hat's gefallen!«* Darauf kontern Sie mit dem bekannten Satz: *»Soso. Na, dann üben Sie mal schön weiter. Irgendwann wird's bestimmt auch bei Ihnen klappen!«*

Aber das Spielchen bitte nicht zu weit treiben.

Eigenes Beispiel: Nach dem genannten Standardspruch bat ich einen Vielredner vor den anderen, mir ein Glas Orangensaft zu holen. Darauf er etwas ärgerlich: *»Wieso? Holen Sie sich den doch selber. Ich bin doch nicht Ihr Diener!«* Meine Antwort: *»Ganz richtig! Aber warum behandeln Sie uns dann mit Ihrem Geschwätz so, als hätten Sie Diener um sich?«* Zustimmung bei den ebenfalls genervten Umstehenden.
Zum Aufbau:
Eines der Worte *»Diener, Lakai, Büttel«* usw. konnte ich nach meiner Aufforderung, ein Glas Orangensaft zu holen, erwarten. Dieses mußte nun aufgegriffen und die Umstehenden damit abfällig bezeichnet werden. Hätte er keines der Worte verwendet und zum Beispiel nur *»Nee, tue ich nicht!«* gesagt, dann hätte ich einfach das Wort »Dodel« oder ein ähnliches verwendet und die Gruppe damit abfällig bezeichnet (über das gezielte Ausreizen beziehungsweise provokative Herauslocken von Begriffen sowie die anschließende Verdrehung/Rabulistik wird im Kapitel III ausführlich berichtet).
Klar, daß ich mich um einen Sympathieträger gebracht hatte ...! Das hätte man auch netter und versöhnlicher machen können, und zwar so, daß dieser Mann noch sein Gesicht hätte wahren können. So hätte ich in einer Redepause ihn lächelnd-freundlich ansprechen können: *»Puh, Herr Kollege, das war eine ganze Menge. Und jetzt müssen wir das erst mal verdauen. Was halten Sie von einem Orangensaft mit zwei Strohhalmen ...?«* (Und zu einem anderen gewandt:) *»Wenn Sie auch mittrinken, dann haben wir schon zu dritt Pause. Einverstanden?«*

Abbau von Redehemmungen:
Wir alle kennen das: Der Tag der großen Prüfung ist da. Fleißig gelernt haben wir, und plötzlich werden wir in den Prüfungsraum gerufen. Hinter uns schließen wir die Tür –

und … alles Wissen ist wie weggeblasen. Was ist passiert? Die Streßhormone spielen uns einen üblen Streich und verhindern den klaren Denkprozeß. Das ist im Grunde eine sehr sinnvolle Einrichtung des Körpers, denn sonst gäbe es keine lebensrettenden Reflexe »ohne Denken«. Doch in diesen und anderen Situationen sind sie störend. Der Abbau dieser Hormone kann aber dadurch erfolgen, daß wir zum Beispiel reden. Und auch das kennen wir: Ist der Knoten erst einmal geplatzt, ist also der Redefluß da, wurde der Faden gefunden, so bereiten uns weitere Antworten kaum noch Schwierigkeiten – vor allem, wenn die Antwort gelungen ist. Und oftmals wird dann die Schlagfertigkeit zu einem »Selbstläufer«, insbesondere dann, wenn wir es mit Menschen zu tun haben, die Humor haben, lachen können oder/und schlagfertige Argumente zu schätzen wissen.

Lampenfieber?

Jeder noch so gut gemeinte Ratschlag zum völligen Abbau von Lampenfieber ist schlicht dummes Zeug. Wir können in Streßsituationen unsere Körperfunktionen ebensowenig austricksen wie etwa das Wetter auf unserer Erde. Aber wir können lernen, mit Lampenfieber umzugehen. Berühmte Schauspieler/innen äußern ganz freimütig, daß sie es niemals fertiggebracht hätten, kein Lampenfieber zu haben. Lampenfieber ist ein positiv wirkender Streß – und auch ein schönes Gefühl. Mann/frau sollte sich um dieses Gefühl nicht selbst betrügen.

Nutzen Sie auch die Gelegenheiten, die sich zum Beispiel ergeben, wenn ein Reporterteam auf der Straße Sie plötzlich befragt. Sie können sich mit Ihrer Antwort ruhig Zeit lassen. Die Leerzeiten werden ohnehin rausgeschnitten.

Deutliches Sprechen:
Ein Korken ist erforderlich, ein Kassettenrekorder und ein kurzer Text (Fachtext, Zeitungsartikel etc.). Gehen Sie wie folgt vor:

1. Aufnahme einschalten und den kurzen Text sprechen (nicht zurückspulen!).
2. Sprechen Sie diesen Text nun mit einem Flaschenkorken zwischen Ihren Zähnen mehrmals.
3. Gerät wieder einschalten und den Text erneut aufs Band sprechen (ohne Korken).
4. Zurückspulen und sich beide Aufnahmen hintereinander anhören.

Stolz werden Sie sein, wenn Sie hören, daß mit einer solch einfachen Übung sich Ihre Aussprache im weitesten Sinne des Wortes »deutlich« verbessert hat. Trainieren Sie mit dem Korken, wo immer Sie können. Besonders geeignet sind Zahlenreihen. Im Auto zum Beispiel läßt sich gut üben. Aber lassen Sie den Korken bei einer Verkehrskontrolle besser verschwinden. Manche Polizisten haben oftmals einfache und schnelle Schlußfolgerungen …

Camcorder/Videokamera:
Vor einigen Jahren hätte man in einem Buch die folgende Empfehlung nur am Rande beschreiben können, denn wer besaß schon eine Videokamera? Das ist heute anders. Viele sind diesbezüglich technisch hervorragend ausgestattet. Bearbeitet werden die Filme mittels einem PC-Programm, abgespielt über den heimischen TV oder einen Beamer. Die empfohlene Übung ähnelt im System der »Korkenübung«. Sprechen Sie einen kurzen Text und filmen sich dabei ab – auf Stopp drücken. Sodann üben Sie mit und ohne Korken den gleichen Text mehrmals langsam und deutlich (ohne Kame-

ra). Dann schalten Sie die Kamera wieder ein und sprechen den mehrmals geübten Text vor laufender Kamera. Beide Aufnahmen zurückspulen und hintereinander anschauen. Auch hier werden Sie Freude daran haben zu erkennen, daß Sie sich schon mit einfachen Übungen rhetorisch wirkungsvoll verbessern können.
Besonders eignet sich als Übung die Darstellung des eigenen Lebenslaufs, da Sie diesen frei sprechen können. Und vielleicht werden Sie merken, daß Sie an der Modulation Ihrer Stimme noch wacker arbeiten müssen. Vielleicht ist alles zu monoton. Das wirklich Wichtige kommt nicht richtig raus, »kommt nicht rüber«, wie die TV-Fuzzis sagen.
Und hadern Sie nicht mit irgendwelchen Äußerlichkeiten, die Ihnen nicht gefallen – oder gar mit Ihrer Stimme, die Ihnen »furchtbar« vorkommt. Der Grund ist einfach. Beim Sprechen schwingen Ihre Kopfknochen mit und ergeben für Sie hörbar eine bestimmte Resonanz. Ein Mikrophon nimmt diese Schwingungen nicht auf, es entsteht darum eine etwas andere Resonanz.

Die Videokamera ist das ideale technische Gerät, um Modulation, Betonung, Sprechtempo, Sprechdisziplin usw. zu trainieren. Vor allem legt es Defizite offen, an denen Sie konkret arbeiten können. Die folgenden Übungen sind mit der Kamera hervorragend geeignet, Ihren Sprachschatz zu erweitern, Sprechblockaden zu überwinden und an der Wirkung Ihrer ganzen Person gezielt zu arbeiten.

Verbesserung des Sprachvermögens:
Schreiben Sie auf kleinen, jedoch gleich großen Karten ein paar Begriffe wie zum Beispiel:
– Abtreibung
– Vermummungsverbot

- Bundeskanzler
- Parteienlandschaft
- Todesstrafe
- Ihr Lebensziel

Auch möglich sind Kärtchen mit den Aufforderungen:
- kurzer, anständiger Witz (»damentauglich«)
- deftiger, aber kein schmutziger Witz (für Herrenrunde)
- Rätselfrage, Aphorismen, Sponti-Sprüche etc.

Überlegen Sie kurz, was Sie zu den einzelnen Kärtchen sagen können. Sodann mischen Sie diese (mit geschlossenen Augen), schalten die Kamera ein und decken wie beim Kartenspiel jeweils ein Kärtchen auf und sagen etwas dazu.
Wenn Sie nun den Kamerafilm abspielen, dann merken Sie vor allem, wie schwer es ist, emotional »umzuschalten«. So haben Sie beispielsweise gerade ein Kärtchen mit dem ernsten Thema »Todesstrafe« und ziehen danach sofort das Kärtchen »anständiger Witz«. Die Wirkung des Witzes wird verpuffen, weil die mentalen und nonverbalen Unterschiede durch das Ineinanderübergehen nicht deutlich werden. Sie müßten sich, um eine entscheidend bessere Wirkung zu erzielen, viel mehr emotional engagieren. Es muß Ihnen gelingen, auch in emotionalen Stufen sich sicher zu bewegen, also »springen« zu können.
Das Training ist bestens geeignet, auch mental sowie emotional »schlagfertig« zu werden.
Sie verhindern, daß Sie bei einem plötzlich auftretenden, emotional anderen Thema die hilflose Bemerkung machen:
»Tjaaaa, das ist ja nun eine ganz andere Frage. Wie soll man das sagen? Also, äh … ich meine …!« usw.
Eine ebenfalls ergebnisreiche Variante ist es, sich die Nachrichten anzusehen (Aufzeichnung wäre ideal), den Fernseher

auszuschalten und die wichtigsten Nachrichten vor laufender Kamera nachzuerzählen. Dies jedoch nicht im »monotonen Plapperton«, sondern indem Sie mit Engagement und Betonung die für Sie wichtigsten Meldungen hervorheben.
Hier können zwei Effekte entstehen:
Entweder schlafen Sie bei Ihren Nachrichten-Nacherzählungen ein, oder Sie fragen sich, ob Ihr Engagement nicht übertrieben ist. Das ist ein gutes Training, um letztlich auf andere so zu wirken, wie Sie es sich wünschen.
Eines haben alle diese Übungen gemeinsam: Sie legen offen, wie hilflos eine Pause wirken kann. Die Übungen zeigen darum, wie wichtig es ist, im Wirkungszusammenhang zu sprechen, nonverbal zu agieren und sich rhetorisch nicht in die Defensive drängen zu lassen.

2.2.2 Der Ton macht die Musik!

Im Fernsehen kann man regelmäßig die Nachrichtensendungen der Tagesschau, die vor 20, 25 und auch 30 Jahren liefen, anschauen. Das ist schon deswegen interessant, weil man die damalige Mode und das Aussehen der Reporter und Sprecher/innen amüsiert betrachten kann. Ein anderer Effekt ist die mehrere Minuten dauernde Länge der einzelnen Sendebeiträge – heutzutage mit höchstens 1,30 (1 Minute 30 Sekunden) für wichtige Meldungen unvorstellbar. Für den Sektor Rhetorik und Schlagfertigkeit allerdings sind die Ausschnitte aus den damaligen Bundestagsdebatten von wahrhaft höchster Bedeutung. Es waren packende Redeschlachten, die politisch polarisierten, fesselten und überzeugten. Es gab wahre Sternstunden der Rhetorik und Dialektik im Deutschen Bundestag. Und es war keine Frage der politischen Zugehörigkeit, um schlagfertige Antworten zu beklatschen, wie zum Beispiel Willy Brandt, der auf einen Zwischenruf von einem CDU-Ab-

geordneten mit seiner unverwechselbar schnarrigen Stimme ganz lässig antwortete: *»Ach, wissen Sie, Herr Kollege, Sie haben zwar eine schöne Stimme. Aber was Vernünftiges hört man auch nicht von Ihnen!«* Oder Herbert Wehner, der zunächst sich darüber lustig machte, wie Bayern sich darstellt: *»Deutschland braucht Bayern! Sagen Sie! Brauchen wir das?«* Zwischenruf von Franz Josef Strauß: *»Mehr als Wehner!«* Daraufhin Wehner: *»Einverstanden. Denn ich kann keinen Käse liefern!«*
Ohnehin hat gerade Herbert Wehner mit seinem bissigen Humor für Glanzzeiten im Deutschen Bundestag gesorgt. Ein Jürgen Wohlrabe, Mitglied der CDU und Wadlbeißer, war für Wehner eine *»Übelkrähe«* (14.10.1970). Und Jürgen Todenhöfer (CDU), der ihn nervte, funktionierte er verbal zum *»Hodentöter«* um. Dieser hatte keine Chance, als er in seiner Rede am 18. Januar 1980 rief: *»Ein Angola, ein Mosambik, ein Vietnam und ein Kambodscha sind mehr als genug«*, und Wehner ihm den Zwischenruf entgegenschleuderte: *»Ein Todenhöfer auch.«*
Was allerdings der SPD-Fraktionschef mit seiner Attacke auf die Unions-Zwischenrufer mit *»Ihr Düffel-Doffel«* meinte, um sich Gehör zu verschaffen, darüber sind sich die Politforscher auch heute noch nicht einig.

Schön war es zu hören, wenn der Abgeordnete Wolfgang Roth (SPD, 1979) den FDP-Chef anredet mit *»Herr Graf Lambsdorff …«* und der Zuruf von Herrn Hasinger von der CDU kommt: *»Bei einem Grafen muß man den ›Herrn‹ weglassen!«* (Hinweis: In der Ansprache von Adeligen gibt es viele Regeln. Eine davon ist, daß man einen Grafen entweder mit *»Herr Graf«* anredet oder mit *»Graf Sowieso«*, aber eben nicht mit *»Herr Graf Sowieso«*. Also, der »Herr« muß weggelassen werden.) Hasinger von der CDU verwendet ihn in des Wortes zweifacher Bedeutung.

Vor allem von Franz Josef Strauß (CSU) sind belustigende Zitate aus seinen scharfzüngigen Reden bekannt. Über den Bundesminister Professor Schiller (SPD) äußerte sich er am 23. Juni 1971 in der Aussprache zum Haushalt wie folgt:
»Herr Kollege Schiller, Ihr großer Namensvetter ist mit dem Drama ›Die Verschwörung des Fiesko zu Genua‹ in die Weltgeschichte eingegangen. Sie werden zwar nicht in die Weltgeschichte, aber in die Zeitgeschichte als der ›Beschwörer des großen Fiaskos von Bonn‹ eingehen.«

Es gibt eine nahezu unüberschaubare Flut von Zitaten, Aphorismen und schlagfertigen Antworten. Nicht jedem kann man alles sagen. Sehr häufig reduziert sich das wenige auch noch darauf, wie man es sagt – also: Der »Ton macht's«. Und gar nicht so selten soll es sein, daß humorlose Chefs überhaupt keine schlagfertigen Antworten schätzen, sondern nur die kommentarlose Leistungserfüllung. Und wer gar vor Gericht steht, der weiß, daß es selten zur Erheiterung der oftmals nüchternen Juristen beiträgt, als Zeuge oder Angeklagter sehr spitzfindige, lustige oder verblüffende Antworten zu geben, die einen Sachverhalt alles andere als juristisch korrekt kommentieren oder gar persiflieren.

Ton und Mimik gehören stets zusammen, wenn es um die Wirksamkeit geht. Dazu ein Beispiel mit der Antwort: *»Bildung ist keine Glücksache. Aber mit ein bißchen Übung klappt's bestimmt!«*
Das sagen Sie zu Ihrem Kollegen mit ernster, fast grimmiger Miene und einem verletzenden, ironischen Tonfall. Das Ergebnis muß nicht beschrieben werden. Selbst wenn der Kollege unwichtig ist und man ihm gerne »eins auswischt«, sollte der souveräne Schlagfertige auf diese Griffe in die billigste Trickkiste verzichten.

Nun sagen Sie das dem Kollegen mit einer freundlich-lustigen Mimik und einen versöhnlichen, ruhigen Tonfall, was insgesamt als Frozzeln, als Scherz zu erkennen ist. Jetzt kann er sein Gesicht wahren und antwortet vielleicht: *»Haben Sie denn immer Glück, Herr Kollege?«* Wenn Sie jetzt wieder schlagfertig und vor allem im lustigen Tonfall antworten: *»Nee, aber Bildung!«,* dann bekommt dieses Gespräch eine hervorragende Wendung. Falls der Kollege auch Spaß am Frozzeln hat, dann haben Sie einen hervorragenden Beitrag zum positiven Betriebsklima geleistet.
Mimik, Ton *und* Antwort stets unter Kontrolle zu haben, gelingt nur den wenigsten Zeitgenossen. Und selbst Menschen, die versichern, daß sie »niemals aus der Rolle fallen würden«, haben irgendwo eine Schwachstelle, die – verletzend angesprochen – zum Wutanfall führen kann. Und nahezu automatisch geraten alle Menschen in Rage, wenn man Fachkompetenz *und* die Persönlichkeit zugleich angreift *(»Sie Rucksack-Ossi verstehen vielleicht was vom verölten Trabbi, aber nichts von diesem Computerprogramm. Ich wette, in Ihrem Rucksack befindet sich noch ein Ölkännchen ...!«).*

Unabhängig davon, daß man sich Beleidigungen oder Tiefschläge unterhalb der Gürtellinie generell nicht gefallen lassen muß, geht es hier nur darum, sich mit der eigenen Antwort nicht auf dieses untere Niveau des Beleidigers zu begeben – auch wenn's reizt oder schwerfällt.
Zusammenfassend gilt für Ton, Mimik und Antwort, was in Kapitel I Abschnitt 1.1 gesagt wurde, nämlich daß wirksame Schlagfertigkeit stets von den drei Faktoren *Personen*, *Situationen* und *Sachverhalte* abhängig ist.

2.3 Wirkungsvolle Techniken

Stellen Sie sich bitte vor, Sie haben ein defektes Auto in der Garage, Sie wissen, wo der Defekt ist, und von Kraftfahrzeugtechnik haben Sie die entsprechenden Kenntnisse. Was zur Lösung jetzt fehlt, ist das entsprechende Werkzeug. Das ist leider nicht vorhanden. Das Ergebnis muß hier nicht näher erläutert werden.

Dieser Vergleich soll die Leser nochmals auf die unbedingte Notwendigkeit des Erwerbens bestimmter Techniken aufmerksam machen. Verhohnepipelnd lautet das so:

»Es reicht einfach nicht, keine Ahnung zu haben. Man muß auch unfähig sein, diese darzustellen …«

Die Wichtigkeit dieser Techniken kann auch wie folgt beschrieben werden. Sie befinden sich auf einer netten Party. Es hat sich eine kleine Gruppe gebildet, und als Gruppenmitglied hören Sie, wie zwei Gäste sich abwechselnd mit flotten Sprüchen, lustig-spitzen Bemerkungen und Aphorismen »beehren« – sehr zum Amüsement der Umstehenden. Da stehen Sie nun, und irgendwie möchten Sie auch etwas zur Erheiterung beitragen, zumal Sie sich manche Antworten fast schon im voraus ausgedacht haben. Aber es geht nicht. Sie kommen nicht »dazwischen«. Die Party ist zu Ende, Sie nehmen zu Hause noch einen kleinen Drink und lassen die Party nochmals geistig Revue passieren. Jetzt geschieht das, was Mark Twain meinte, als er formulierte, daß »… Schlagfertigkeit … das ist, was einem erst 24 Stunden später einfällt«.

Hier liegt der wirkliche Knackpunkt zum Erlernen der Schlagfertigkeit. Der Wunsch, es zu können, ist klar vorhanden. Sie kennen auch das Ziel. Aber es fehlt das methodisch-technische Zwischenstück, die Brücke oder besser: der Werkzeugkasten. Da nutzen auch die Bücher nichts, die Sie bisher über Schlagfertigkeit gelesen haben. Denn darin ist alles immer so einfach dargestellt – und zwar für jeden Fall. Und es funktioniert immer (in den Büchern ...!). Aber die Praxis sieht dann eben so aus, daß außer ein paar mehr oder weniger flotten Sprüchen nichts hängenbleibt, was ständig wirksam für Sie einsetzbar wäre.

Beispiel: Es entwickelte sich zwischen zwei Kollegen folgendes Gespräch, weil dem einen Kollegen ein Buch empfohlen wurde:

»Ein tolles Buch. Das müssen Sie mal lesen.«

»Warum?«

»Weil es eben toll ist. Irre, was da drinsteht. Einfach klasse Beispiele.«

»Und was hat es Ihnen gebracht?«

»Wie ›gebracht‹? Natürlich hat es was gebracht. Sag' ich doch!«

»Sind Sie durch das Buch schlagfertiger geworden?«

»Ich weiß nicht, was die Frage soll. Natürlich hat's was gebracht hinsichtlich Schlagfertigkeit.«

»Würden Sie mir mal ein knackiges Beispiel geben?«

»So aus dem Stegreif heraus nicht. Aber im Zusammenhang vielleicht.«

»Welchen Zusammenhang?«

»Was weiß ich? Das ergibt sich dann.«

»Verstehe. Das Buch nützt Ihnen also nur im Zusammenhang, der sich irgendwo ergibt. Was hat das Buch denn gekostet?«

»So knapp 20 Euro.«

»Herr Kollege, um es zusammenzufassen, Sie geben 20 Euro aus für etwas, was nur in einem imaginären Zusammenhang verwendet werden kann, und das auch nur für Sie, wie Sie sagten. Dann empfehlen Sie auch noch einem unbeteiligten Dritten, ebenfalls 20 Euro für etwas sehr Unklares auszugeben. Was können wir beide denn gemeinsam tun, um andere Menschen vor solchen Fehlempfehlungen zu schützen ...?«

»Äh, Pardon. Ich hab' noch einen Termin. Wiedersehen!«

Möglich, daß er sich beim Umdrehen die Bemerkung geleistet hat: *»Blöder Hund!«* Und es ist für die Leser auch ganz klar erkennbar, daß dieses Gespräch im Grunde kein gutes Ergebnis hat. Man hätte auch einfach sagen können: *»Prima. Das Buch werde ich mir mal kaufen.«* Dann wäre der Fall erledigt. Aber vielleicht geht es dem einen oder anderen auch so, daß die ständigen Ratschläge nerviger Zeitgenossen wie: *»… müssen Sie unbedingt …!«* irgendwann auf den berühmten »Keks« gehen. Wer will schon immer Schoßhündchen sein, was allen gefällt? Ein echter Hund muß auch mal von der Seite beißen können, um sich Respekt zu verschaffen … (das bezieht sich jetzt nicht auf den Namen des Autors). Man muß allerdings auch bei einem Seitenbiß die Sache richtig sehen. Denn wie schrieb schon Werner Mitsch (Stuttgart 1981): *»Hunde, die schielen, beißen daneben.«*

Das beschriebene Gespräch sowie viele andere Dialoge sind nur möglich, wenn bestimmte Techniken beherrscht werden. Sie werden es gemerkt haben, der Autor hatte seinen Kollegen ständig nur gefragt, statt sich selbst einzubringen. Und bestimmt haben sich dabei einige Leser an die »Sokrates-Fragetechnik« erinnert. Und in der Tat, diese Vorgehensweise ist die Technik, mit Fragen zur Erkenntnis zu führen. Nun müssen wir nicht in allen Dingen dem Philosophen Sokrates nacheifern, zumal am Ende der Schierlingsbecher (Gifttränk) gereicht würde. Aber es bleibt unbestritten, daß die Fragetechnik *die zentrale Rolle* beim Erlernen der Schlagfertigkeit spielt.

Die bekannte Tatsache »Wer fragt, führt!« bewahrheitet sich insbesondere in der Schlagfertigkeit aufs neue. Die meisten wissen, wie wichtig eine exakt gestellte Frage zum richtigen Zeitpunkt ist. Doch bei den meisten Zeitgenossen gibt es ein

Problem, welches den Einsatz dieses wirkungsvollen Instruments verhindert. Zunächst einmal haben wir alle in unserem Kulturkreis von Kindesbeinen an gelernt zu antworten, statt zu fragen *(»Du hast zu antworten, wenn du gefragt wirst!«).* Und wenn wir aktiv fragen wollen, dann mußten wir das »anmelden«, zum Beispiel in der Schule durch Fingeraufzeigen. Nach der Schulzeit, in den Berufsjahren und insbesondere mit zunehmenden Lebensjahren sammelt sich bei uns Menschen ein entsprechendes Wissen und Können an, von dem »wir leben«. Das bedeutet konkret, daß wir bestimmte Dinge gut wissen, glauben zu wissen oder gar glauben, etwas besser zu wissen. Das ist dann der Augenblick, wo wir Stellung beziehen, eine Meinung abgeben, widersprechen usw.

2.3.1 Die Sache mit dem Rucksack …

Vergleichen können wir das mit einem Rucksack, den wir Menschen stets mit uns herumtragen.

Gehen wir einmal davon aus, daß Sie viel gelernt haben, in der Praxis große Erfahrungen sammeln konnten, daß Sie ganz bestimmte Werte und Normen verinnerlicht haben, nach denen Sie leben, und somit auch stets bereit sind, diese eindrucksvoll zu vertreten. All dieses Wissen, diese Kenntnisse, diese Erfahrungen, die Einstellungen usw. tragen Sie quasi in einem Rucksack mit sich herum. Da dieser mit der Zeit durch den Wissenszuwachs etc. immer schwerer wird und darum sehr drückt, suchen Sie jede Gelegenheit, den Rucksack abzusetzen, um ihn durch die Wissensabgabe leichter zu machen. Diplomaten und Politiker verhalten sich oft anders. Sie geben nicht ihr Wissen bekannt, sondern stellen Fragen. Oder sie umschreiben den Sachverhalt mit entsprechend Worten, um abzulenken oder um zu vernebeln.

Das ist für einen Nichtgeübten sehr schwer. Es reizt, mit dem Wissen zu widersprechen, vor allem dann, wenn wir glauben, etwas beweisen zu können, beziehungsweise wenn wir überzeugt sind, daß eine Information »einschlägt«. Erfahrene Anwälte aber arbeiten oft nach dem Prinzip der Informationszurückhaltung. Ein guter Anwalt wird einen Teufel tun, alle Karten, die er hat, von vornherein aufzudecken, um diese seinem Gegner vorzeitig bekannt zu machen. Er legt seine Karten dann auf den Tisch, wenn es der geeignete Zeitpunkt ist, um das Gericht zu beeindrucken, zu überzeugen usw.

Nicht stets direkt zu antworten, sondern etwas herauszufragen ist eine wichtige Vorgehensweise in der Schlagfertigkeit. Sie ist deswegen so wichtig und wirkungsvoll, weil damit eine Technik angewandt wird, die immer greift – im Gegensatz zu auswendig gelernten Sprüchen, die irgendwann versiegen. Möglicherweise wiederholt man einige und muß sich dann anhören: *»Sie wiederholen sich!«* Klar, man könnte jetzt antworten: *»Ich habe ja nur versucht, ihrer bescheidenen Intelligenz Rechnung zu tragen, seien Sie mir doch dankbar dafür!«* –

aber das sind dann sehr harte Konter, die man nicht immer anbringen kann (schon gar nicht in Gegenwart von Respektspersonen, Chefs usw.).
Besser ist es, in bestimmten Situationen Ihre Meinung in eine Frage zu kleiden. Damit steuern Sie das Gespräch über die Ratio und können Ihre Emotionen kontrollieren.

2.3.2 Einfache Fragetechniken

Sie müssen also mit einer Technik agieren, die Ihnen die Möglichkeit bietet, jederzeit und ohne Konfrontation auf Ihr Anliegen zurückzukommen und den Gesprächsfaden in der Hand zu behalten.
Diese Technik nennen wir die *Königin der Rhetorik,* und gemeint ist die Fragetechnik.
Um es bereits an dieser Stelle unmißverständlich zu sagen:
Wer die Fragetechnik nicht beherrscht, beherrscht ebensowenig die Schlagfertigkeit wie ein souveränes Verhandlungsgespräch!

Unterschätzen Sie nicht den Wert der Frage. Sie ist Schild und Schwert zugleich. In unzähligen Seminaren und Gesprächen haben wir immer wieder bewiesen, daß nur der führt und agiert, der fragt. Wer nicht fragt, *re*-agiert. Wer fragt, ist in der Aktion. Wer antwortet, ist in der *Re*-Aktion. **Versuchen Sie darum immer, in die Aktion zu kommen.** Vor allem dann, wenn man Ihnen eine Frage gestellt hat und Sie sich in der Reaktion befinden. Stellen Sie stets am Ende Ihrer Antwort eine Frage – damit Sie wieder in die Aktion kommen.

Es gibt eine Vielzahl von Fragetechniken, die dann einzusetzen sind, wenn eine Frage auf ein bestimmtes Verhalten zielt oder ein bestimmtes Verhalten auslösen soll. Das ist theoretisch richtig, aber praktisch schon deswegen nicht durchführbar, weil der Fragesteller über ein Repertoire von zehn oder mehr Fragetechniken verfügen muß, die er – je nach Sachverhalt – zum richtigen Zeitpunkt, an der richtigen Stelle und an die richtige Person stellt. Das läßt sich sehr schön in Büchern beschreiben, ist aber schlicht praxisfern.

Es ist vollkommen ausreichend, mit den Fragen zu agieren, die uns geläufig sind:

1. Alternativfrage
2. geschlossene Frage
3. offene Frage

Zu 1.:
Bei der Alternativfrage soll sich der Gesprächspartner entscheiden. Beispiel: *»Wollen Sie Ausführung A oder Ausführung B?«* Jeder, der viel telefonieren muß und Termine zu vereinbaren hat, weiß, daß er stets alternativ fragen muß: *»Treffen wir uns morgen um 11 Uhr oder übermorgen um 16 Uhr?«*
Aus dieser im Prinzip »braven« Frageart läßt sich jedoch – verbunden mit Unterstellungen, Behauptungen, Provokationen etc. – ein Instrument formen, welches geeignet ist, jemanden in eine bestimmte Richtung zu bringen oder jemanden zu emotionalen Widersprüchen zu veranlassen:

- *»Ist es Ihre Absicht, für den Frieden zu stimmen, oder wollen Sie Hochrüstung und Krieg unterstützen?«*
- *»Sind Sie für den Frieden oder für den Irakkrieg?«*
- *»Wollen Sie, daß wir gemeinsam zu einer vernünftigen Lösung kommen, oder wollen Sie alleine weiterwurschteln?«*
- *»Spielen Sie schon Golf, oder haben Sie noch Sex?«*
- *»Wollen Sie Inhalte darstellen oder sich selbst?«*

Die Abwehr solcher einengender Fragen besteht darin, daß die Frageart »vom Tisch gefegt wird«, zum Beispiel mit den Antworten:

- *»Weder das eine noch das andere. Ich möchte vor allem ...!«*
- *»Sie stellen zwei Alternativen gegenüber, die sich so nicht stellen. Es geht nur darum, daß ...«*
- *»Das paßt nicht, was Sie fragen. Es sind windige Argumente. Kunststück, die sind ja auch aus der Luft gegriffen! Wichtig ist doch vor allem, daß ...!«*

Zu 2.:

Bei der geschlossenen Frage kann der Gesprächspartner im allgemeinen nur mit Ja oder Nein antworten: *»Möchten Sie ein Bier?«*, oder: *»Haben Sie Hunger?«*

Erfahrungsgemäß verwenden wir in einem Gespräch vorwiegend geschlossene Fragen. Im übrigen ist mehrfach untersucht worden, daß in einem Gespräch durchschnittlich nur – gemessen an den Redeanteilen – etwa 20 Prozent Fragen gestellt werden. Davon wiederum nimmt die geschlossene Frage zirka 80 Prozent ein. Darunter sind auch viele rhetorische Fragen. Das sind Fragen, in denen quasi die Antwort gleich mitgeliefert wird: *»Haben Sie schon einmal etwas von Siemens gehört?«*

Geschlossene Fragen sind dann sinnvoll, wenn es um Informationen geht, die ein Fragesteller haben will. Erfahrene Verkäufer wissen, daß sie einem Kunden, der gerne ausschweifend redet, nur geschlossene Fragen stellen. Allerdings: Wer nur geschlossene Fragen stellt, bringt den anderen schnell in eine »Verhörsituation«, und das baut negative Emotionen auf. Journalisten, die zum Beispiel Politiker interviewen, stellen meist diese Frageart. Haben sie jedoch einen Profi vor sich, dürfen sie damit rechnen, daß dieser kontert: *»So stellt sich die Frage nicht. Die Frage muß doch lauten ...!«*, oder er sagt: *»In Ihrer Frage liegt eine Unterstellung, die falsch ist. Darum ...«*

usw. Nur geschlossene Fragen zu stellen, kommt einem Kreuzverhör nahe. Die Abwehrmaßnahme besteht darin, die Taktik offenzulegen und Gegenfragen zu stellen:
»Ich befinde mich hier nicht vor Gericht. Was ist der Hintergrund Ihrer Frage ...?« Oder: *»Diese Frage läßt sich nicht einfach mit Ja oder Nein beantworten, wenn Sie den wahren Sachverhalt erfahren wollen. Und daran sind Sie doch sicherlich interessiert.«*

Hartnäckigkeit bei der Aufforderung, zum Beispiel einen Sachverhalt zuzugeben, wird erfolgreich mit ... Hartnäckigkeit beantwortet. Beispiel:
A: *»Also bitte beantworten Sie die präzise Frage, haben Sie die Maßnahmen durchgeführt, ja oder nein?«*
B: *»Diese Frage läßt sich nicht einfach mit Ja oder Nein beantworten, wenn man an der Wahrheit interessiert ist. Und Sie sind doch sicherlich an der Wahrheit interessiert.«*
A: *»Sie weichen aus, Sie wollen sich nur vor einer präzisen Antwort drücken!«*
B: *»Ich verstehe unter ›Ausweichen‹ im Interesse der Wahrheit, daß ich vor dem Zwang zu einer falschen Aussage ausweiche!«*
A: *»Also mit anderen Worten, Sie haben die Maßnahme nicht durchgeführt!«*
B: *»Das ist Ihre fertige Unterstellung, die unrichtig ist. Ich habe unmißverständlich erklärt, daß sich diese Frage nicht einfach mit Ja oder Nein beantworten läßt. Was ist denn der Grund dafür, daß Sie den wahren Sachverhalt nicht hören wollen?«*

Das »Kreuzverhör« ist kläglich gescheitert.

Zu 3.:
Die offene Frage ist das A und O in einem souveränen Gespräch. Wer die offene Fragetechnik nicht beherrscht, ist auf

der Verliererstraße. Offene Fragen haben ein »**W**«-Fragewort, zum Beispiel **w**arum, **w**eshalb, **w**ieso, **w**odurch, **w**omit, **w**ann, **w**eswegen usw. Daraus entstehen meistens Fragen, die nicht mit Ja oder Nein beantwortet werden können. Beispiel: *»Warum möchten Sie ein Bier?«* Diese Frage kann nicht mit Ja oder Nein beantwortet werden.
Die offene Frage soll ein Gespräch lebendig erhalten. Wer mit der offenen Frage agiert, führt. Wer fragt, führt das Gespräch. Wer nur antwortet, wird ge-führt.

Ihre wohl wichtigste Aufgabe in bezug auf Schlagfertigkeit muß es sein, die offene Fragetechnik zu beherrschen. Eine offene Frage zu stellen, muß so selbstverständlich werden wie das »Guten Morgen«, das »Grüß Gott« oder sonstige Grußformeln. Achten Sie einmal auf gute Reporter und Moderatoren im Rundfunk oder Fernsehen. Sie stellen vorwiegend offene Fragen. Und wenn sie den Interviewten zu einer konkreten Aussage zwingen wollen, stellen sie eine geschlossene Frage.
Achten Sie auch einmal auf die Schlagzeilen in der Tagespresse. Wann wird eine Headline mit Fragezeichen versehen? Stets dann, wenn man es nicht beweisen kann oder wenn ... es gefährlich wird. Beispiel: *»Hat der berühmte Popsänger XY Sex mit Buben gehabt?«* Das ist unangreifbar. Es ist ja »nur« eine Frage. Stünde dort allerdings: *»Der berühmte Popsänger XY hat Sex mit Buben gehabt«*, kann es für den Verlag ganz schön teuer werden, wenn er das nicht beweisen kann.

Für Sie bedeutet das, daß Sie trainieren müssen, stets die Behauptungen in eine Frage zu kleiden, die – weil unbewiesen – Ihnen schaden können. Also, statt zu sagen: *»Diese Auffassung ist doch einfach Blödsinn!«*, sollten Sie das in eine Frage verwandeln: *»Was könnte an dieser Auffassung Ihrer Meinung nach so interessant sein?«* Sie werden die Frage noch nicht

ganz ausgesprochen haben, und Ihr Gesprächspartner beginnt sofort mit der Aufzählung der Vorteile, die nach seiner Meinung für Sie vorhanden sind. Zuhören und Disziplin ist jetzt angesagt. Machen Sie sich in einer solchen Situation Notizen, und greifen Sie sich dann eines seiner Argumente heraus – und zwar ein möglichst schwaches. Aber stopp! Jetzt keine Gegenargumente in scharfer Form einbringen, sondern verwandeln Sie Ihr Argument wieder in eine Frage: *»Wenn man die von Ihnen aufgezählten Faktoren mit den bekannten Tatsachen vergleicht, dann stellt sich die Frage, wie man die Tatsachen so verdrehen könnte, damit diese mit Ihrer Meinung zusammenpassen. Was schlagen Sie vor?«* (Oder einfacher: *»Wie können wir denn Tatsachen am besten so verdrehen, daß Sie mit Ihrer Meinung zusammenpassen?«*). Da kann er nur in dem Sinne antworten: *»Wieso? Was heißt verdrehen? Das verstehe ich nicht.«* Ihre Reaktion: *»Nein? Na, dann üben Sie noch mal ein bißchen ...!«*
Wenn Sie nur Ihre Meinung äußern, sind Sie angreifbar und müssen sich verteidigen. Mit Ihren Fragen »führen« Sie. Zwar haben Sie noch nicht die Verhandlung gewonnen, aber Sie bestimmen, in welche Richtung das Gespräch läuft.

In Verhandlungen wird häufig erfolgreich die Taktik angewandt, mit bohrenden Fragen den Gegner zu verunsichern. Zunächst wird jedoch ein Teil des Sachverhalts als »richtig« hingenommen und bestätigt, um den Gegner in Sicherheit zu wiegen. Dann allerdings wird durch hartnäckig-bohrende Fragen, verbunden mit der entsprechenden Mimik und Gestik, der flüssige Ablauf einer Argumentation erschüttert: *»Wo?«, »Wann genau?«, »Was bitte, präzise!«* usw. Der Trick ist psychologisch sehr wertvoll, denn nicht nur der logische Aufbau einer zusammenhängenden Argumentation wird zerstört, sondern vor allem der Gegner selbst wird psychisch

unter Druck gesetzt, völlig irritiert, konzeptionslos und damit oft widersprüchlich. Er wird »weichgekocht«.
Die Abwehr dieser Taktik ist nicht einfach. Wichtig ist vor allem, sich nicht aus der Ruhe bringen zu lassen, sondern sich sachlich zu wehren, zum Beispiel mit den Worten:

– *»Ich möchte meine Ausführungen im Zusammenhang darstellen!«*
– *»Bitte stellen Sie die Frage zurück, ich komme gleich auf ...!«*
– *»Worauf legen Sie bei dieser Frage den größten Wert?«*
– *»Ich fahre dort weiter, wo Sie mich unterbrochen haben.«*
– *»Ich möchte jetzt (bitte) aussprechen dürfen!«*

Die Gegenfrage

Die Gegenfrage ist ein einfaches Mittel, sich sofort zu wehren, von einer gestellten Frage oder einem Sachverhalt abzulenken. Daß die Gegenfrage sehr häufig verwendet wird, liegt daran, daß sie keiner großen Übung bedarf. In heißen Diskussionen geht schnell die Disziplin verloren, wenn nur Behauptungen aufgestellt werden. Und nicht selten greifen Kontrahenten Gegenfragen auf, um sie »abzuschmettern«. Doch kennt jeder von uns den Grundsatz *Eine Frage soll nicht mit einer Gegenfrage beantwortet werden*? Man verbindet darum die Gegenfrage mit einer kurzen, vorangestellten Aussage: *»Generell muß man diesen Sachverhalt kritisch sehen, klar. Aber wie stehen Sie persönlich dazu?«* Das verhindert oft den Vorwurf: *»Beantworten Sie doch erst mal meine Frage!«*
Die direkte, originelle, bissige, witzige usw. Gegenfrage ist darum in der Schlagfertigkeit ein wichtiges Hilfsmittel:
A: *»Warum kritisieren Sie einen Sachverhalt, den Sie selbst nicht besser machen können?«*
B: *»Würden Sie sich schämen, ein faules Hühnerei zu kritisieren, nur weil Sie selbst keine Eier legen können?«*

Die Provokativfrage

Auch die Provokativfrage ist geeignet, Emotionen zu wecken und Unfrieden zu stiften, und in der Sache führt sie kaum weiter. Eine negative, provozierende Motivierung des Gesprächspartners ergibt sich durch bestimmte Schlüsselwörter, wie zum Beispiel *»eigentlich«, »wenigstens«, »überhaupt«, »wirklich«* usw.:

- *»Können Sie das als Fachmann eigentlich nicht?«*
- *»Können Sie das überhaupt verantworten?«*
- *»Ist das wirklich Ihr Ernst, was Sie da gerade gesagt haben?«*
- *»Wollen Sie nicht wenigstens ein bißchen Vernunft annehmen?«*

In ihrer Wirkung verstärken läßt sich diese Frageart noch durch provozierende, unsachliche, ironische oder gar verletzende Beiworte:

- *»Können Sie das als selbsternannter Fachmann eigentlich nicht?«*
- *»Können Sie das überhaupt mit Ihrem begrenzten Weitblick verantworten?«*
- *»Ist das wirklich Ihr Ernst, was Sie gerade gesagt haben, oder kam da nur der Macho raus?«*

Die Abwehr provokativer Fragen erfordert einen kühlen Kopf und Selbstdisziplin. Nur nicht provozieren lassen, sondern überlegen, sachlich und gelassen antworten:

- *»Ich reagiere/antworte nicht auf provokative Fragen.«*
- *»Ich bin dafür bekannt, daß ich mich nicht provozieren oder unter Druck setzen lasse!«*
- *»Wenn ich Ihnen in drei Tagen keine Antwort gegeben habe, waren entweder Sie oder Ihre Ausführungen nicht wichtig.«*

Wer fragt, der führt.
Und wer schlagfertig sein will, muß fragen können.

– *»Wie steht's in den schlechten Zeiten?«*
– *»Bei mir steht alles zum Besten!«*
– *»Entweder lügen Sie oder nehmen Viagra . . . !«*

2.3.3 Verräterische Botschaften

Warum eskaliert ein Streit, zum Beispiel zwischen Eheleuten oder unter Kollegen, so schnell? Zunächst entsteht eine Meinungsverschiedenheit aus unterschiedlichen Positionen. Daran ist nichts Außergewöhnliches. Gäbe es eine für alle Streitenden verbindliche Streitkultur oder würden Disputanten streng nach der Hegelschen Dialektik »These – Synthese – Antithese« vorgehen oder wäre die »Sokrates-Methode« (nur durch Fragen zur Wahrheit finden) durch unser Wollen und Können ausgeprägt, wären wir Menschen der gelungene Teil der Schöpfung. Sind wir aber nicht. Wir Menschen sind unvollkommen. Wenn manche Menschen argumentativ nicht weiterwissen, schlagen sie zu. Dies ist auch zu beobachten bei Hooligans, bei Nachbarn, zwischen Unternehmen und natürlich auch … zwischen Staaten. Nur unterscheiden sich die Mittel in ihrer Form, Art und Auswirkung.

»Du bist es doch gewesen, der …«, »Da haben Sie mich falsch verstanden!«, Sie müssen vor allem …!«, »Du hast aber auch immer …!« usw. Das sind Du-Botschaften. Sie entstehen, wenn man quasi mit dem Finger auf andere zeigt (ohne es real zu tun). **Jede Du-Botschaft ist eine Du-Anklage.** Und was machen wir, wenn wir angeklagt werden? Wir rechtfertigen uns, wir verteidigen uns, oder wir greifen an.
Mit dem Siezen und Duzen hat das hier übrigens nichts zu tun. Im Gegensatz dazu ist die Ich-Botschaft wichtig. Hier bezieht man alles auf sich selbst, um den Gesprächspartner nicht zu beschuldigen – aber um trotzdem seine Meinung zu sagen.

Das Beispiel:
Du-Botschaft: *»Sie haben mich in die Sonne gesetzt.«*
Ich-Botschaft: *»Die Sonne blendet mich.«*

In einem Gespräch ist jede Du-Botschaft ein Tropfen in ein fast volles Faß. Wenn es überläuft, werden Emotionen freigesetzt. Und wir alle wissen, daß wir in emotionalen Ausbrüchen schon einmal Dinge sagen, die uns hinterher leid tun. *»Jetzt bleiben Sie mal sachlich«,* ist dann die Aufforderung zur Rückkehr der Diskussion über die Ratio.

Du-Botschaften hören wir täglich:
- *»Das habe ich Ihnen nun schon ein paarmal gesagt ...!«*
- *»Sie sollten jetzt endlich einmal verstehen, daß ...!«*
- *»Da müssen Sie noch einiges dazulernen ...!«*
- *»Ihr Bericht strotzt mal wieder so vor Fehlern!«*
- *»Sie müßten doch eigentlich wissen, daß ...!«*
- *»Wenn Sie mir zugehört hätten ...!«*

In einem wichtigen Gespräch mit Kunden oder dem Chef ist es sinnvoll, auf Du-Botschaften zu verzichten. Statt Ihrem Chef zu sagen: *»Da haben Sie mich falsch verstanden«,* sollten Sie besser sagen: *»Da habe ich mich leider nicht klar/mißverständlich ausgedrückt.«*
Ihr Chef wird möglicherweise diese wichtige Kommunikationsfalle nicht kennen. Aber er wird auf Ihre Du-Botschaften reagieren (Stichwort: Angriff).
Für Sie selbst ist es wichtig, daß Sie über Du-Botschaften nicht mehr »erreichbar« sind. Denn in eine Falle, die man kennt, tappt man nicht hinein.
Natürlich kann man Du-Botschaften auch bewußt einsetzen, um seinen Gesprächspartner zu manipulieren. Nehmen Sie als Beispiel einen Chef, der scheinbar durch nichts aus der Ruhe zu bringen ist. Mit einigen Du-Botschaften wird's mit seiner Ruhe vorbeisein. Garantiert.
Und das kann in der Schlagfertigkeit eine äußerst wirksame Waffe sein, die Sie legal einsetzen können: *»Wenn Sie mir zugehört hätten, wäre Ihnen und uns die Peinlichkeit Ihrer Antwort erspart geblieben.«* Wird diese noch süffisant oder mit einem etwas verächtlichen Unterton geäußert, dann ist bei den meisten Mitmenschen garantiert, daß diese »ausflippen«. Jetzt die Ruhe zu bewahren und den Spieß umzudrehen ist keine Kunst mehr, aber wahre Freude: *»Ich verstehe Ihre Aufregung nicht. Was bringt Sie so in Rage? Sind es etwa*

Ihre schwachen Argumente?« Da ist der persönliche Angriff auf Sie programmiert. Jetzt können Sie ganz souverän den Gewinn für sich einstreichen: *»Herr Kollege, was können wir (Sie) denn tun, damit wir (Sie) zur Sachlichkeit zurückkehren?«*
So, nun stehen Sie ganz oben auf dem Siegertreppchen.

2.3.4 Schlagfertige Pausentechniken

Die Pause als Vorwurf – nicht erwartet ...
In unserem Kulturkreis gilt die Regel: Wer gefragt wird, hat auch zu antworten. Wer das nicht befolgt, handelt außerhalb einer gültigen »Norm«. Jeder kennt das Spielchen: Irgendwer fragt uns: *»Können Sie mir sagen, wie spät es ist?«*, und wir antworten mit *»Ja.«* Aber nicht mehr. Wenn wir nun einmal das Nichtantworten als Mittel der Albernheit herausnehmen, dann läßt sich darin ein wirksames Element finden. Angenommen, ein Verhandlungspartner stellt eine völlig überzogene Forderung, so reagieren die meisten mit *»Das ist völlig ausgeschlossen!«, »Unmöglich!«* oder ähnlichem. Also in jedem Fall wird eine Reaktion erwartet. Je nach Partner, Situation und Sachverhalt können Sie aber auch folgende Taktik einsetzen:
Ruhig zuhören (keine abwehrende Mimik oder Gestik) und dann Ihr Gegenüber entweder sehr ernst (eventuell auch lächelnd etc.) ansehen und schweigen – und zwar so lange, bis dieser von sich aus etwas sagt. Und er wird etwas sagen, denn diese Pause ist unerwartet und wirkt als Vorwurf. Bestimmt kennen Sie das vom Telefon. Eine längere Pause erwarten wir nicht nur, nein, wir machen uns Gedanken, ob die Verbindung noch besteht: *»Hallo, sind Sie noch dran?«* Nach ein bis zwei Sekunden sagt der andere: *»Ja, ich bin noch dran.«* Dieser erste Teil der Verunsicherung ist dem anderen gelungen. Wir

können es einfach nicht ertragen, nichts zu hören, wenn wir etwas erwartet haben. Das Beispiel »Radio« haben wir bereits erwähnt.

Schweigen und Fragen – unerwartet ...

Trainieren Sie das Schweigen. Schweigen Sie, statt vorschnell zu antworten. Schlagfertigkeit heißt nicht einfach, schnell etwas Originelles zu sagen, sondern es kann auch ebenfalls heißen, durch Schweigen zu verblüffen. Das läßt sich verbal und nonverbal machen.

Stellen Sie sich vor, Sie stehen jemandem gegenüber, der Sie anbrüllt, anschreit oder vollkommen »zuquatscht«. Es hat überhaupt gar keinen Sinn, jetzt eine Gegenposition einzunehmen und verbal dagegenzuhalten. Die Energie spare man sich, denn der andere würde jeden Fetzen Ihres Einwands in der Luft zerreißen. Und doch erwartet er eine diesbezügliche Reaktion von Ihnen. Die aber erfolgt nicht. Sie reagieren verblüffend – *anders*. Sie schweigen und sehen ihn nur fest an. Sie werden garantiert eine interessante Feststellung machen. Wenn Sie dort schweigen (ohne Stimuli wie Kopfnicken etc.), wo man Ihre Zustimmung erwartet, wird man um Ihre Zustimmung buhlen, sie geradezu einfordern und irritiert sein, wenn man sie nicht bekommt. Und statt, daß Sie diese geben (weil Sie ja nicht nur schweigen können), stellen Sie erneute Fragen. Wer so konsequent auf den »Zahn fühlt«, wird sehr leicht erkennen, wie es mit der Toleranz gegenüber der eigenen Meinung des Gesprächspartners bestellt ist.

Auch die Länge des Schweigens ist eine Technik, die wirksam eingesetzt werden kann. In vielen Fällen wird man, je länger das Schweigen dauert, die Unsicherheit und Hilflosigkeit des anderen herausfordern. Aber bei bestimmten Zeitgenossen gerät man auch schnell an die Grenzen dieser Technik. So kann sich zum Beispiel jemand veräppelt vorkommen, wenn man überhaupt nichts sagt. Das wiederum kann einen erneuten Wutausbruch erzeugen, bei leicht erregbaren und jähzornigen Menschen vielleicht sogar Handgreifliches.

Das Schweigen muß also stets mit der richtigen und angemessenen Reaktion verbunden werden. Da macht der Ton wieder einmal die Musik. Wenn Sie nach längerem Schweigen zu anderen sagen: *»So!! Sind Sie jetzt endlich fertig? Dann will ich Ihnen mal was sagen …!«* usw., dann hätten Sie sich auch das Schweigen sparen können. Es sei denn, Sie legen auf eine Deeskalation keinen großen Wert, weil Ihnen zum Beispiel der Gesprächspartner »nichts wert« ist. Aber dieser läßt sich auch schon dadurch zum Wutausbruch bringen, wenn man während seiner wütenden »Ansprache« schon einige schlagfertige Kurzsätze erwidert: *»Zwischendurch Lufthnolen nicht vergessen!«, »Verhaspeln Sie sich nicht!«, »Das wollen ausgerechnet* ***Sie*** *beurteilen können?«* usw.

Im allgemeinen leitet man eine Reaktion mit den Worten ein: *»Ich habe Ihnen sehr aufmerksam zugehört und Ihre Rede verdient …«* usw. (Respekt, Würdigung, eigentlich keine ernsthafte Beschäftigung … usw.).

Je nach gemachter Aussage können Sie nun mit der Erwiderung beginnen und – falls man Sie unterbricht – darauf hinweisen, daß man den anderen auch hat aussprechen lassen.

Und schön wäre es, wenn der andere sich an diese Regel auch halten würde. Macht er aber nicht. War jetzt die Mühsal Ihres Zuhörens gänzlich umsonst? Keinesfalls, denn Sie sind mit Ihrem Latein noch nicht am Ende, wenn Sie ständig unterbrochen werden. Da gibt es eine äußerst wirksame Technik, nämlich …

Die abrupte Wortpause – plötzlich und unerwartet …

Diese Technik kann mit beachtlichem Erfolg bei unerwünschten und vor allem ständigen Unterbrechungen eingesetzt werden. Es ist dazu wichtig, daß Sie Ihre Antwort mitten im Wort unterbrechen (also nicht am Ende eines Wortes oder eines Satzes): *»Sie haben gerade ge…«* Er unterbricht, und darum beginnen Sie wieder erneut: *»Sie haben gerade gesagt, daß andere Mög…«* Er unterbricht erneut. Geschieht das mehrfach, so wird auch der Unhöfliche selbst merken, daß er unhöflich ist. In einer Gruppe beispielsweise ist er klar der Verlierer. Aber Sie können jetzt auch die Unterbrechungen zum Vorwurf machen:

»Was ist der Grund, daß ich keinen Satz aussprechen kann, ohne unterbrochen zu werden?«

Manchmal ist auch eine etwas zynische Bemerkung hilfreich:

»Entschuldigen Sie bitte, daß ich sprach, bevor Sie redeten!«

Diese Abwehr von Unterbrechungen erfordert Gelassenheit und Disziplin. Unsere Erfahrung aber ist, daß man nicht mehr als zwei- bis dreimal die Technik anwenden muß, um sich durchzusetzen.

Hält sich aber trotz allem der andere nicht an die einfachen Regeln in einem Gespräch, nämlich den anderen ausreden zu lassen, dann hilft eine andere, wirksame Technik:

Sie überhören die Zwischenfrage und sprechen betont deutlich und etwas langsamer, um dann am Ende Ihrer eigenen Antwort hinzuzufügen:

»Und wie Sie gemerkt haben, lasse ich mich nicht unterbrechen!« (Eventuell weiter: *»… da ich Ihre Taktik/Absichten durchschaut habe!«)*

Verblüffung erreichen Sie mit der Technik, nach einer Unterbrechung so zu tun, als wären Sie gar nicht unterbrochen worden, also einfach weiter fortzufahren. Gelingt das nicht (weil zum Beispiel die Unterbrechung zu lange dauerte), wirkt garantiert diese Antwort:

»Ich fahre dort fort, wo ich unterbrochen wurde«, oder etwas

schärfer in einer Du-Botschaft: *»Ich fahre dort fort, wo Sie mich unterbrochen haben!«*
Wenn diese Antwort stereotyp auf jede Unterbrechung folgt, wird der Unterbrecher blamiert und seine Taktik ad absurdum geführt. Er »lernt«, daß er Sie nicht unterbrechen und damit verwirren kann. In einer Gruppendiskussion oder gar einer Rede vor anderen wirkt diese Technik sehr souverän, wenn sie nicht durch zynische Bemerkungen oder negative Signale der Gestik und Mimik begleitet wird.

Dennoch kann und wird es Situationen geben, wo es notwendig wird, sich nicht unterbrechen zu lassen. Das gilt vor allem dann, wenn man ein Argument im Zusammenhang vortragen oder die Vorteile eines Produkts im Ganzen darstellen will. Das erreicht man mit der folgenden Technik.

Die überraschende Pausentechnik – eine kleine Wunderwaffe ...

Auch wenn es vielen Lesern vermutlich sauer aufstoßen wird, aber wir müssen an dieser Stelle an diejenigen Politiker erinnern, die scheinbar ohne Unterbrechung reden, reden, reden können – und gar nicht mehr aufhören. Selbst geschulte Interviewer sind kaum in der Lage, die Lücke in einer Rede zu finden, in die man mit einer anderen Meinung (z. B. störend, unterbrechend, ergänzend, fragend usw.) stoßen kann. Um es vorweg zu sagen, das sind keine »Wunderredner«, sondern sie sprechen in einer bestimmten Technik. Und auch hier gilt wiederum die a-a-a-Regel (**a**nders **a**ls **a**ndere), um sich anders zu verhalten, als es erwartet wird. Damit ist gemeint:
In der üblichen Sprechweise heben wir zu Beginn eines Satzes die Stimme und senken sie zum Satzende. Dadurch kann ein guter Zuhörer schon erkennen, wann der gerade gesprochene Satz beendet wird, und er kann sofort »einhaken«. In

jeder Fernsehdiskussion kann man das beobachten. Doch achten Sie einmal auf Disputanten, die kaum zu unterbrechen sind – und wenn, dann wirkt das sehr unhöflich. Diese Teilnehmer wenden die »überraschende Pausentechnik« an. Die Pausen werden also dort gemacht, wo sie üblicherweise nicht gemacht werden, also mitten im Satz. Üblich ist es, zum Beispiel am Satzende eine Pause zu machen. Doch statt dessen wird das letzte Wort eines Satzes ohne Pause mit dem ersten Wort des neuen Satzes verbunden. Diese Technik funktioniert also in drei zusammenhängenden Vorgehensweisen wie folgt:

1. Am Satzende nicht die Stimme senken, sondern heben.
2. Gleichzeitig das erste Wort (oder mehrere) des neuen Satzes einbinden und mitsprechen.
3. Nach dem ersten (oder zweiten) Wort des neuen Satzes wieder eine Pause machen, die mit entsprechender Mimik und Gestik (z. B. suggestiv) unterstützt wird.

Symbole zum folgenden Beispiel:

‿ Keine Pause, sondern Wörter verbinden.

… Kurze Pause (eventuell suggestiver Blick).

___ Wort betonen und Stimme heben.

»Unsere Fraktion hat,‿was die … Gesetzesänderung … angeht,‿keine … ablehnenden Beschlüsse gefaßt.‿Darum … sind alle weiterführenden Anträge kaum sinnvoll,‿denn … entschieden … wird diese Frage letztlich auf dem Parteitag‿und nicht …, wie Ihnen bekannt sein dürfte, in der Fraktion.‿Man darf … nicht vergessen,‿daß es … in der Koalition … entsprechende

Vereinbarungen gibt. Keinesfalls … wird unsere Partei diese Vereinbarungen brechen, denn … wir haben ja bereits …« usw. usw.

Es geht also darum, sich ohne Unterbrechung durchzusetzen. Zudem sollen die Pausen Spannung erzeugen und die Zuhörer geradezu neugierig auf das machen, was noch gesagt wird. Wer diese Technik beherrscht, der kann reden.
Ob er auch etwas sagt, ist eine ganz andere Sache.
Die Abwehr einer solchen Technik ist schwer, aber möglich. In unserer heutigen Medienwelt ist alles auf Darstellung, Durchsetzung und Sympathie (»rüberkommen« beim Zuschauer, »punkten« usw.) ausgerichtet. Das aber gilt nicht nur für die Darsteller, sondern auch für die Interviewer. Einige Journalisten beherrschen die Abwehr perfekt. Sie besteht aus einem »Doppelschlag«.
Der erste Schlag:
Zunächst muß an irgendeiner lohnenden Stelle eine sehr kurze geschlossene Frage gestellt werden: *»Finden Sie das richtig?«* Oder: *»Ist das gut?«* usw. Auf geschlossene Fragen antwortet man meistens nur mit »Ja« oder »Nein«. Und das wird der Interviewte auch tun.
Der zweite Schlag:
Jetzt muß *sofort* und unmittelbar eine kurze offene Frage gestellt werden: *»Warum finden Sie das nicht gut?«,* oder: *»Was ist der Grund, daß Sie das nicht richtig finden?«*
Vermutlich wird er die Antwort mit *»Weil …«* einleiten. Diese Einleitung allerdings klingt wie eine Entschuldigung. Jetzt hat der erfahrene Journalist wieder die Möglichkeit nachzuhaken. Allerdings gibt es auf beiden Seiten Profis. Und mitunter erlebt auch ein erfahrener Redakteur oder eine erfahrene Redakteurin sein oder ihr »Waterloo«. So geschehen einer

Moderatorin in einem Interview 1999 im gemeinsamen »Morgenmagazin« der ARD und des ZDF mit dem ehemaligen SPD-Vorsitzenden Jochen Vogel. Dieser Altprofi wurde von einer sehr eifrigen Moderatorin interviewt. Man merkte, sie wollte ihn »aushebeln«. Kaum hatte dieser den ersten Satz gesprochen, wurde von ihr »nachgehakt«. Das Nachhaken allerdings fiel etwas langatmig aus, verbunden mit der eigenen Meinung der Moderatorin. Doch Übereifer schadet nur, wie man weiß. Und so sagte Jochen Vogel nach einer wiederholten Unterbrechung ganz lässig und ruhig: *»Also Frau XY, ich finde das ja in Ordnung, wenn Sie sich mit sich selbst unterhalten wollen. Das ist wirklich in Ordnung. Aber was soll* ***ich*** *dann hier? Wenn Sie mir eine Frage stellen, möchte ich auch antworten dürfen.* (Jetzt schärfer im Ton:) *Können wir das bitte so halten?«*
Vorbei war's mit der Contenance der Moderatorin. Dem vorher eifrigen Sprechfluß folgten ein peinliches Stottern und ständiges Hinschauen auf die Karteikärtchen. Jetzt mußte sie ihn ausreden lassen. Profi-Pech. Flugs übernahm der Kollege die Moderation zum nächsten Thema.

Fassen wir noch einmal zusammen:

1. Rucksack:
Quälen Sie sich mit dem Rucksack, in dem Sie ihn nicht sofort absetzen und erleichtern (das heißt alle Informationen und Meinungen sofort darstellen).

2. Offene Fragen:
Trainieren Sie, wann immer Sie Gelegenheit haben, die offene Fragetechnik (W-Fragen: warum, weshalb, wieso, wodurch usw.). Wer fragt, der führt!

3. Verräterische Botschaften:
Es gibt gefährliche Du-Botschaften und entschärfende Ich-

Botschaften. Es ist ein großer Unterschied, ob Sie sagen: *»Sie haben mich schlecht beurteilt!«,* oder ob Sie sagen: *»Ich fühle mich schlecht beurteilt!«* Aber es gibt natürlich auch motivierende Du-Botschaften: *»Diese Aufgabe haben Sie hervorragend gelöst!«*

4. Schweigen und überraschende Pausen:
Das Schweigen ist eine äußerst wirksame Waffe, verbunden werden sollte es aber mit einer angemessenen Reaktion (z. B. Fragen). Auf Unterbrechungen antwortet man mit dem Abbruch im Wort oder mit dem ständigen Hinweis, dort fortzufahren, wo man unterbrochen wurde. Und wer generell nicht unterbrochen werden will, muß die überraschende Pausentechnik erlernen.

Wichtig ist vor allem, daß Sie einzelne Techniken perfekt beherrschen. Bedenken Sie, daß Beispiele zur Schlagfertigkeit in Büchern stets »passen«. In der Praxis ist es erforderlich, einfache Regeln und Rhetorikinstrumente zu beherrschen, um sich jederzeit erfolgreich wehren zu können.

2.4 Reden vor anderen – schlagfertig sein!

»Wenn du redest, muß deine Rede besser sein, als dein Schweigen gewesen wäre« – so ein arabisches Sprichwort. Würde das zur Norm, würde wohl mehr geschwiegen als geredet werden. Und so kalauerte darum Heinz Erhardt: *»Es ist leichter, den Mund zu halten als eine Rede.«*
Eine Rede, einen Vortrag oder ähnliches zu halten, fällt vielen Menschen schwer. Kaum zu bändigendes Lampenfieber, die Angst vorm Steckenbleiben, die Angst vorm roten Kopf – kurzum: Die Furcht vor der großen Blamage ist es, die das Reden vor einer größeren Gruppe und eventuell sogar noch unbekannten Menschen zum Alptraum macht. Und ganz

schlimm wird es, wenn es ein diesbezügliches Schlüsselerlebnis gab. Doch die Alibifloskel *»Ich kann nicht vor anderen reden!«* sollten Sie vergessen. Rede- und Vortragstechniken lassen sich erlernen. Und es sind nur wenige Regeln, die grundsätzlich beachtet werden müssen. Zudem gibt es eine Reihe von Tips, Tricks und Kniffen, die Ihnen das Reden vor anderen zur Freude machen können.
Doch die größte Angst ist für die meisten, Fragen gestellt zu bekommen, die man nicht beantworten kann, oder auf Zwischenrufe nicht gekonnt antworten zu können, also nicht gewappnet zu sein. Oft ist die psychologische Begründung schon darin zu finden, daß man Vorträge mit Zwischenrufen/Fragen und sehr originellen und schlagfertigen Antworten selbst erlebt hat und sich demotivierend sagt: *»Das könnte ich niemals!«*
Doch beachten Sie folgendes bei den meisten Vorträgen:
Diejenigen, denen Sie vortragen und die da unten zuhören, sind heilfroh, daß sie selbst nicht dort oben reden müssen. Es gibt nur wenige Anlässe, zu denen Sie sich darum mehrfach wappnen müssen (zum Beispiel bei politischen Veranstaltungen, wo Sie mit der störenden Anwesenheit politischer Gegner rechnen müssen). Irgendwo da oben zu stehen und nichts Schlagfertiges auf einen originellen Zwischenruf, eine Bemerkung oder Frage sagen zu können, das ist schlechthin für die meisten der Horror. Und verstärkt wird das noch durch bekanntgewordene Schlagfertigkeiten, die einem wahrlich erst mal einfallen müssen. Beispiele, welche verbürgt sind:
Im Bayerischen Hof in München ergab es sich, daß der Talkmaster Rudi Carell und der damalige bayerische Ministerpräsident Franz Josef Strauß sich zum »Bieseln« zufällig auf der Toilette trafen. Da standen beide und »zogen blank«. Rudi Carell bemerkte nun: *»Herr Strauß, ich weiß gar nicht,*

was ehrenvoller ist, dem Bundeskanzler die Hand zu geben oder mit Ihnen zu pinkeln!« Darauf Strauß: *»Versuchen Sie doch mal beides!«*
Und auf den Zwischenruf einer jungen Dame zu einem Referenten, der einen Vortrag über bösartige Wortverdreherei hielt: *»Können Sie sich selbst eigentlich noch ganz normal unterhalten und nicht bösartig sein?«*, antwortete dieser: *»Aber, verehrte junge Dame, ich kann – und wie! Kommen Sie doch bitte nach dem Referat in meine Garderobe …!«*

In diesem Abschnitt soll es nicht darum gehen, wie ein Referat aufgebaut und gehalten wird. Darüber gibt es ausreichende Schriften und Hinweise. Unter dem Aspekt »Schlagfertigkeit« werden an dieser Stelle Hinweise und Tips gegeben, wie man/frau in einem Vortrag nicht nur bei kritischem Publikum »bestehen« kann, sondern auch am besten schlagfertig reagiert.
Veni, vidi, vici – ich kam, sah und siegte (Ausspruch Cäsars, als er König Pharnaces bei Zela im Pontus, ein Reich am Schwarzen Meer, schnell besiegt hatte). So leicht sind für Ungeübte Vorträge/Referate nicht zu »packen«. Für die meisten besteht allerdings die Problematik nicht im Thema selbst, sondern in der Furcht vor Pannen, vorm Steckenbleiben, vor Zwischenrufen usw. Lampenfieber kann nicht einfach weggeredet werden, aber Sie können sich durch eine richtige Vorbereitung auf solche Fälle und mit kleinen Hilfsmitteln wappnen beziehungsweise sicher machen. Im Prinzip gibt es drei Fälle, die auftreten können:
a) den roten Faden zu verlieren und steckenzubleiben,
b) Zwischenfragen und Zwischenrufe,
c) unvorhergesehene Ereignisse (Strom- oder Geräteausfall, Tisch/Stuhl fällt um, Prominente kommen überraschend, Zuhörer unterhalten sich störend usw.).

Hilfsmittel:
Fertigen Sie drei Kärtchen (DIN A5) an, die stets neben Ihrem Konzept liegen. Auf diesen notieren Sie für jeden der drei genannten Fälle ein paar Satzanfänge oder ein paar flotte Sprüche.

Kärtchen 1 (Steckenbleiben):
- *»Fassen wir noch einmal kurz die letzten Punkte zusammen ...«*
- *»Ich möchte noch einmal besonders betonen ...«*
- *»Ich wiederhole also noch einmal ...«*
- *»Nun, also hier den treffenden Ausdruck zu finden ist gar nicht so einfach ...«*
- (Wenn Sie einen Punkt vergessen haben:) *»An dieser Stelle muß noch ein wichtiger Punkt bedacht werden, und zwar ...«* (aber bitte keine pompöse Entschuldigung!).

Kärtchen 2 (Zwischenfragen):
Generell gilt – von nur wenigen Ausnahmen abgesehen –, daß Sie *»dankbar sind für jede Zwischenfrage«*. Jemand, der eine Zwischenfrage stellt oder einen Zwischenruf bringt, hat eine besondere Veranlassung dazu. Wenn es aber ein Selbstdarsteller ist und der Referent ihn zurechtweist (»abbügelt«), dann hat sich der Referent einen Feind geschaffen; man denke an den faulen Apfel in einer Kiste gesunder! Darum bleiben Sie schlagfertig und freundlich. Leiten Sie Ihre Antwort entweder mit einem Dank oder mit dem Hinweis darauf ein, daß es ein *»wichtiger, interessanter, aktueller«* usw. Punkt sei.
- *»Vielen Dank für den Hinweis. Gerne bin ich bereit, darauf ...«*
- *»Das ist ein interessanter Aspekt, doch es würde den Rahmen dieses Referats sprengen, wenn ...«*
- *»Auf diesen aktuellen Punkt möchte ich besonders eingehen, und zwar ...«*

Besonders wirkungsvoll ist es, wenn Sie dem Zwischenfrager anbieten, nach Beendigung des Referats Rede und Antwort zu stehen. Bei einem Abendreferat dürfen Sie getrost davon ausgehen, daß das nicht oft in Anspruch genommen wird. Und wenn nach Ihrem Referat die Mittagspause ist, haben Sie auch keine weiteren Diskussionen zu befürchten:

– *»Vielen Dank, das ist eine hochinteressante Frage. Sind Sie aufgrund der knappen Zeit einverstanden, wenn ich Ihnen nach dem Referat Rede und Antwort dazu stehe …?«*

Natürlich gibt es auch unverschämte Störer, und nicht alles sollte man sich gefallen lassen. Mitunter ist ein klares, deutliches Wort hilfreicher, als über den Zwischenruf hinwegzugehen:

– *»Das gehört jetzt nicht hierhin und darum fahre ich fort …«*
– *»Fragen Sie mal die gesamten Zuhörer, ob Ihr Zwischenruf besonders intelligent war …«*
– *»Pardon, aber ich möchte meine Ausführungen im Zusammenhang vortragen …«*
– *»Sie haben mich nun schon das zweite Mal unterbrochen, und ich muß mich fragen, welche Absicht Sie damit verbinden …«*
– *»Herr Kollege, Sie haben zwar eine schöne Stimme, aber was Vernünftiges hört man nicht von Ihnen …«*
– *»Herr Kollege, Zwischenrufe signalisieren immer das hohe oder niedrige Niveau des Störers. Wie kalt ist es denn bei Ihnen da unten …?«*

»Belohnen« Sie Störer nicht noch dadurch, daß Sie ständig Blickkontakt zu ihm halten oder ihm etwas mehrfach beweisen wollen, sonst fühlt er sich noch ermuntert, weitere Zwischenfragen zu stellen. »Übersehen« Sie ihn. Mitunter aber stellt jemand eine Zwischenfrage, die man nicht einfach »abhängen« kann. Hier hilft der kleine Trick, die Frage an die Zuhörerschaft weiterzugeben:

- *»Das ist eine sehr wichtige Frage, und die möchte ich nicht vorschnell beantworten, sondern frage Sie, meine Damen und Herren: Was meinen Sie dazu …?«*
- *»Bei dieser Frage geht es nicht um meine Auffassung allein. Welche Meinung haben Sie, meine Damen und Herren …?«*

Falls Sie Zeit zum Nachdenken benötigen, verschaffen Sie sich diese durch folgende Möglichkeiten:

- (Wiederholen lassen:) *»Ich habe Ihre Frage nicht genau verstanden. Bitte würden Sie freundlicherweise …?«*
- (Selbst wiederholen:) *»Wenn ich Sie recht verstanden habe, dann …?«*
- (Umformen:) *»Mit anderen Worten sagen Sie, daß …«*
- (Vernebeln:) *»Also, das ist zunächst einmal ein ganz wichtiger Hinweis. Ich glaube, meine Damen und Herren, wir sind an einem Punkt angekommen, wo es erforderlich wird … usw. Wir sollten darum …«*

Kärtchen 3 (unvorhergesehene Störungen, »Notbremse« usw.): Im Grunde gibt es hierzu nur zwei Möglichkeiten, nämlich entweder den Vortrag zu unterbrechen oder mit schlagfertigen Formulierungen wieder das Ruder in die Hand zu bekommen:

- (Gemeinschaftstrip:) *»So, meine Damen und Herren, jetzt haben wir eine kleine Störung/Unterbrechung. Was schlagen Sie vor, wollen wir eine kurze Pause einlegen?«*
- (Lustige Aufforderung:) *»So, jetzt schlage ich vor, daß wir alle einmal tiiief durchatmen, auch der Herr Vorsitzende bitte, damit ich anschließend fortfahren kann. Bitte jetzt …!«*
- (Aufs Ganze gehen:) *»Nun, meine Damen und Herren, bei mir hat die Störung voll durchgeschlagen. Wie sieht's bei Ihnen aus, und was schlagen Sie vor?«*

– (Sprüche:) *»Meine Damen und Herren, ich habe eine einfache Philosophie: Mach voll, was leer ist. Mach leer, was voll ist. Kratze dich, wo es juckt. Und laß dich bei nichts stören, mach einfach weiter!«*
– *»Nichts schadet einem guten Vortrag mehr als keine Störung. Ich habe also noch Hoffnungen.«*

Eine besonders unangenehme Störung kann es sein, wenn sich eingeladene Honoratioren unterhalten (Prominente, Chefs, Veranstalter, Politiker, Experten usw.). Meist ist es nicht möglich, diese zur Ordnung zu rufen, denn die lassen sich nicht schulmeistern. Hier hilft der Trick, die Gruppe, also die gesamte Zuhörerschaft, zum Richter zu machen. Die Technik dazu haben Sie schon kennengelernt: die abrupte Wortpause (Abschnitt 2.3.4):
Unterbrechen Sie mitten im Wort, und schauen Sie auf die Störer. Nichts sagen, keine weiteren Reaktionen – aber: lächelnd-freundliche Mimik, damit die Störer ihr Gesicht wahren können; versöhnlich bleiben! Garantiert schauen sich jetzt alle Zuhörer zu den Störern um, und die Quasselstrippen verstummen augenblicklich! Nicht *Sie* reglementieren, sondern die Zuhörer »richten«. Darum ist es wichtig, daß Sie sich mit einem freundlichen Gesicht bedanken, wenn die Störung beendet wird.

2.5 Zum Gesprächsverhalten von Mann und Frau

Über das unterschiedliche Sprachverhalten von Männern und Frauen ist viel geforscht und publiziert worden. Doch kaum eine Publikation geht über allgemein gehaltene Empfehlungen hinaus, mit welchem Sprachverhalten und welchen Sprechtechniken Frauen den Männerbonus wettmachen kön-

nen. Bekannt ist auch, daß das unterschiedliche Sprachverhalten bereits von Kindesbeinen an durch die Vorbereitung auf die typischen Rollenverteilungen gelernt wird. Jungen raufen öfter als Mädchen, um ihre Kräfte und ihre Grenzen im Spiel unbewußt zu erkennen. Zu beobachten ist ebenfalls, daß Jungen meistens konkret von Sachverhalten und Situationen sprechen *(»Das Autorennen gestern war einfach toll«)*, während Mädchen mehr die Gefühlsebene ansprechen *(»Meine Puppe war heute ganz böse zu mir«)*. Die Sprache und die Sprechweise lassen weiterhin Rückschlüsse auf die unterschiedlichen Schichtzugehörigkeiten zu, auch das ist untersucht worden und gilt als wissenschaftlich gesichert.
Das angelernte Verhalten setzt sich sowohl für Männer als auch für Frauen in späteren Jahren fort und findet Ausdruck in der Sprache, im Sprechstil, in Kompetenzanspruch und Dominanzverhalten. Grundsätzlich läßt sich sagen, daß Frauen eine vorsichtigere, zurückhaltendere und abschwächendere Ausdrucksweise haben als Männer *(»Ich wollte mit meiner Meinung nur zum Ausdruck bringen, daß ...«)*. Sie leisten aber oft die bessere Gesprächsarbeit, sind kooperativer und unterstützender. Das Gesprächsverhalten von Männern ist hingegen von Beherrschung der Situation bestimmt, zum Beispiel durch klare, eindeutige und bestimmende Aussagen, lauteres Sprechen, Unterbrechen, Abwiegeln, Verweigern, Lächerlichmachung, sprachliches Imponiergehabe, Zwischenrufe usw. *(»Wir sind uns jetzt darüber im klaren, daß ...«,* oder: *»Wir müssen jetzt zum Kernpunkt der Sache kommen, und zwar ...«,* oder: *»Gestern habe ich darüber ein Gespräch mit dem Minister geführt, und wir sind beide zu der Auffassung gelangt, daß ...«)*

Was können nun Frauen tun, um sich in Gesprächen mit Männern rhetorisch und schlagfertig durchzusetzen? In einigen Publikationen ist die Empfehlung zu lesen, daß Frauen sich dem männlichen Gesprächsverhalten anpassen, dieses sogar völlig übernehmen sollten. Dieser Ratschlag ist nicht nur lächerlich, er geht auch an den Realitäten sowohl der Männer wie auch der Frauenwelt vorbei. Zwar ist das Durchbrechen des männlichen Sprachverhaltens mittels gleichwertiger Gesprächsstile eine wichtige Komponente der weiblichen Schlagfertigkeit, aber das kann nicht für sich alleine stehen. Für eine erfolgreiche Schlagfertigkeit in der Männerwelt ist die Ganzheitlichkeit erforderlich, also das Zusammenwirken aller Komponenten, die einer Frau zur Verfügung stehen: Selbstwertgefühl und Selbstbewußtsein, Äußerlichkeiten, Kinesik, Mimik und Gestik, Rhetorik und Dialektik usw. Diese lassen sich als das »Instrumentarium« beschreiben, mit dem Strategien und Taktiken für den schlagfertigen Erfolg einer Frau in der Männerwelt konkret umgesetzt werden.

2.5.1 Aus Schwächen Stärken machen

Kennzeichen eines Gruppenprozesses und Schwachstellen der weiblichen Rhetorik lassen sich wie folgt zusammenfassen:

1. Frauen sind oft zu »höflich«. Sie werden in Gesprächen häufiger unterbrochen als Männer – und sie lassen es meistens widerspruchslos geschehen.
2. Vorschläge von Frauen werden von Männern oft nicht beachtet oder übergangen. Einige Männer einigen sich über die »beste Lösung« (oder entdecken diese Einigkeit lautstark in der Sitzung) und wollen sich jetzt nur noch die richtigen Bälle zuwerfen. Die übrigen schweigen.
3. Ist ein »Experte« in der Gruppe, haben Frauen die größeren Befürchtungen, sich zu blamieren, wenn sie ihm widersprechen. Es gilt der Männerbonus, denn die Fehler einer Frau zählen doppelt.

4. Man(n) gibt sich demokratisch und beschwört als einzig mögliche Lösung eine Abstimmung. Niemand widerspricht, denn wer will schon »undemokratisch« sein?
5. Anwesende Frauen werden häufig in Durchführungsaktionen von Männervorschlägen eingebunden (Pseudoteam). Bei Zuweisung eines schwierigen Problems können Männer später die Frauen korrigieren beziehungsweise »belehren«.
6. Männer sprechen oft im Imperativ, während Frauen ihre Aussage durch Frageformen und Konjunktive abschwächen:

   Frau: *»Meine persönliche Meinung ist es, daß ...!«*
   Mann: *»Es ist Zeit, daß wir zur Abstimmung kommen, denn der Sachverhalt ist klar ...!«*
   Frau: *»Ich würde meinen, daß ...!«*
   Mann: *»Es ist eindeutig bewiesen, daß ...!«*
   Frau: *»Ist es nicht so, daß ...?«*
   Mann: *»Es ist so, daß ...!«*
   Frau: *»Sollten wir nicht besser eine erneute Prüfung ...?«*
   Mann: *»Wir warten eine erneute Prüfung ab!«*
7. Männer werten sich oft selbst auf und fordern ihr Rederecht, während Frauen sich und ihr Wissen abwerten und um das Rederecht bitten:

   Frau: *»Ich weiß nicht, ob Sie mit meinem Vorschlag etwas anfangen können, aber ...?«*
   Mann: *»Mein Vorschlag setzt neue Maßstäbe, und darum ...!«*
   Frau: *»Ich bin nur die Sachbearbeiterin und keine Expertin auf diesem Gebiet, aber vielleicht ...?«*
   Mann: *»Ich bin für den Bereich (XY) zuständig, und als Experte sage ich ...!«*
   Frau: *»Darf ich mal etwas dazu sagen/eine Frage stellen?«*

Mann: *»Dazu muß ich folgendes sagen ...!«*
Frau: *»Darf ich noch eben diesen Satz zu Ende sprechen?«*
Mann: *»Ich spreche diesen Satz jetzt zu Ende!«*

8. Männer sprechen oft mit harten, manchmal sogar militärischen Begriffen, während Frauen weicher sprechen und Verniedlichungen benutzen:
   Frau: *»Herr Müller, möchten Sie noch ein Täßchen Kaffee?«*
   Mann: *»Ich möchte noch eine Tasse Kaffee!«*
   Frau: *»Vielleicht sollten wir die Sitzung für ein halbes Stündchen unterbrechen?«*
   Mann: *»Wir unterbrechen die Sitzung für eine halbe Stunde!«*
   Frau: *»Unsere Verkäufer sind mit Material gut ausgestattet. Es fehlt lediglich die Koordinierung und die Motivation. Ist es nicht so?«*
   Mann: *»Unsere Truppe ist gut gerüstet, aber es fehlt ihr an Moral, und es fehlt die Führung auf Divisionsebene. Das ist das Problem!«*
9. Zwischen Frauen selbst kommt es in Gesprächen häufig zu Eifersüchteleien oder Rivalitäten. Davon profitieren meist die anwesenden Männer.
10. Frauen werden oft direkt oder indirekt lächerlich gemacht, zum Beispiel durch (anzügliche) Bemerkungen, Nichternstnehmen, Angriffe auf die Person statt auf die Sache, frauenfeindliche Witze usw.:
    - *»Darüber zerbrechen Sie sich mal nicht Ihren hübschen Kopf!«*
    - *»Wenn Sie so gute Vorschläge machen würden, wie Sie aussehen, dann ...!«*
    - *»Können Sie einen Männerwitz vertragen, oder sind Sie humorlos?«*

- *»Eine anständige Frau lacht bei schmutzigen Witzen nicht mit. Die geht in die Küche und schreibt sich die Witze auf…!«*
- *»Meine Herren, angesichts der Hitze ziehen wir unsere Jacketts aus. Frau Müller darf noch einen Schritt weitergehen …!«*
- *»Wir wissen, Frau Müller, daß Sie sich bemühen. Aber Sie denken eben als Frau, und Ihre Vorschläge sind nicht realistisch für unsere männlichen Mitarbeiter. Das sind alles hartgesottene Burschen!«*

2.5.2 Rhetorische Elemente des Konterns

Es ist leicht, Empfehlungen zur Rhetorik für Frauen abzugeben. Schwieriger ist es zu erkennen, daß es sich dabei nicht um »andressierte Sprüche« handeln darf, sondern um eine Überzeugung und um ein konsequentes Verhalten, welches von innen heraus gesteuert wird. Alles andere ist ein Kartenhaus. Grundsätzlich kann aber gesagt werden, daß die meisten rhetorischen Angriffe auf Verunsicherung, Manipulation oder Überrumpelung zielen.
Wichtig ist vor allem, daß Sie überhaupt reagieren, und das heißt, sich schlagfertig wehren. Es nützt Ihnen nichts, wenn Sie sich nur ärgern – oder sich gar *danach* ärgern – oder wenn Ihnen erst nach einem Gespräch die richtigen Antworten einfallen *(»Wenn der das noch einmal zu mir sagt, dann werde ich ihm…!«)*. Aber »er« wird das nicht noch einmal sagen, denn kein Gespräch wiederholt sich, jede Situation ist neu und anders. Es wiederholt sich lediglich systemhaft das männliche Verhaltensmuster. Eine rein sachliche Reaktion ist sicher immer dann angebracht, wenn Chef und/oder Kunden Gesprächspartner sind oder Sie sich zum Beispiel in einer entsprechenden Gesellschaftsrunde befinden. Es sollte aber nicht ver-

gessen werden, daß rhetorisch gut vorgebrachte, schlagfertige Formulierungen ihre Wirkungen sowohl bei anwesenden Frauen wie auch bei Ihrem »Gegner« nicht verfehlen, sofern diese nicht ausgesprochen bissig, bösartig oder verletzend sind. Hier macht ganz entscheidend der Ton die Musik – und Ihr Lächeln.

Keine Macht kann Sie zwingen, auf rhetorische Angriffe zu reagieren. Aber zugegeben: Es reizt! Insbesondere dann, wenn man/frau glaubt, die richtige Antwort parat zu haben, und das »Herz auf der Zunge trägt«. War der Angriff obendrein auch noch ironisch, verächtlich, verletzend oder gar frauenfeindlich, verlagert sich der Wille zur Reaktion auf die rein emotionale Beziehungsebene. Sich jetzt zu beherrschen, cool zu bleiben und den Angriff »zu überhören, zu übergehen« ist wahrlich nicht einfach. Es kommt schlicht darauf an, was frau will. Erfolgen Einwände zum Beispiel von Kollegen, die als scheinbar unfaire Angriffe anläßlich eines wichtigen Berichts Ihrer Abteilung, den Sie zu verantworten und vorzutragen haben, verstanden werden könn(t)en, so beweisen Sie mit einer sachlich-coolen Art unter Umständen Überlegenheit und Selbstwertgefühl. Vielleicht will Ihr Chef, der zuhört und nicht reagiert, Sie nur dahingehend prüfen, ob Sie leicht aus der Fassung zu bringen und somit für »diese Aufgabe nicht geeignet« sind. Es ist daran zu erinnern, daß Methoden dieser Art eine sehr beliebte Masche von untereinander abgestimmten Personalberatern in Einstellungsgesprächen sind.
Im folgenden finden Sie einige rhetorische Hilfsmittel, wenn man/frau Sie unterbuttern, abwürgen oder nicht ausreden lassen will:

1. Schlagfertigkeit gegen das »Abwürgen«!
- *»Pardon, aber es spricht immer nur, wer das Wort hat!«*
- *»Herr Kollege, ich habe das Wort!«*

- *»Sie haben gleich Gelegenheit, sich zu äußern. Jetzt habe ich das Wort!«*
- *»Was fürchten Sie, daß Sie mich nicht sprechen lassen wollen?«*
- *»Herr Kollege, wir können wohl zusammen singen, aber nicht zusammen sprechen!«*
- *(Ironisch:) »Entschuldigen Sie bitte, daß ich sprach, bevor Sie redeten!«*
- *»Ihnen fehlen zwar nicht die Worte, aber die Argumente.«*

2. *»Jetzt rede ich!«* Schlagfertig ausreden lassen!
- *»Ich erwarte, daß Sie mich nicht unterbrechen. Auch ich höre Ihnen zu!«*
- *»Sie werden meinen Gedanken auch ohne Unterbrechung ertragen müssen!«*
- *»Ich möchte meine Vorstellungen im Zusammenhang darstellen!«*
- *»Es ist bereits das zweite Mal, daß Sie mich unterbrechen. Können Sie so schwer eine andere Meinung ertragen?«*
- *»Warum unterbrechen Sie mich ständig? Mögen Sie keine Frauen, die selbstbewußt sind und eine eigene Meinung haben? Wovor haben Sie Angst, Herr Kollege?«*

3. Schlagfertig gegen das »Unterbuttern« vorgehen!
- *»Bitte beantworten Sie meine Frage!«*
- *»Sie sind mir noch eine konkrete Antwort schuldig!«*
- *»Ich möchte, daß auf meine Vorschläge konkret eingegangen wird!«*
- *»Was sind die Hintergründe dafür, daß mein Vorschlag nicht diskutiert wird?«*
- *»Ich bin mit Ihrer Vorgehensweise nicht einverstanden. Sie geht am Thema Frauen, (Parität etc.) vorbei. Welche Vorschläge haben Sie, um das zu ändern?«*

– *(Ironisch:) »Was können wir tun, meine Herren, damit Ihr Vorhaben nicht durch Frauenvorschläge gestört wird? Soll ich die Konferenz verlassen?«*
– *(Vermutliche Antwort:) »Aber Frau Kollegin, warum so polemisch? Bleiben Sie doch bitte sachlich!«*
– (Ihre Antwort:) *»Einverstanden. Und warum haben* ***Sie*** *nicht damit begonnen/halten Sie sich daran?«*

Doch grundsätzlich darf man sich in der Wahl Ihres Tons und der Mimik nicht vergreifen. Das kann im Eifer des Gefechts natürlich dann leicht passieren, wenn man erkennbar benachteiligt oder übergangen wird. Sie dürfen sicher sein, daß dann nur noch die Art und Weise, wie Sie sich durchsetzen wollen, angegriffen und kritisiert wird. Bleiben Sie also immer höflich, verbindlich – aber vor allem konsequent und beharrlich! Notfalls wiederholen Sie mehrmals zum Beispiel Ihre Frage. Und lassen Sie sich auch nicht beeindrucken von Mimik (Augenverdrehen), Gestik (Kopfschütteln, abwinkende Handbewegungen etc.) oder irritierendem »Volksgemurmel«. Auch kommt es vor, daß irgendein Beteiligter mit lautstarker Stimme Sie auffordert, *»... nun endlich im Thema fortzufahren!«*. Antworten Sie selbstbewußt: *»Herr Kollege, auch durch Lautstärke (Ihren Vorwurf) lasse ich mich nicht beeindrucken. Ich bin bekannt dafür, daß ich mich nicht unter Druck setzen lasse. Und ich wiederhole hiermit nochmals meine Frage ...!«*

2.5.3 Schlagfertig angreifen

Das ist leichter gesagt als getan. Ein Beispiel dazu: Vor einiger Zeit wurde ich anläßlich einer politischen Bürgerversammlung in München Zeuge, wie schwierig so etwas konkret sein kann. Nach der (sehr langatmigen) Darstellung des Problems begann die Diskussion (es ging um eine umfangrei-

che Verkehrsmaßnahme). Der Leiter: *»Bitte möglichst kurze Wortbeiträge, damit alle drankommen!«*
Soso. Alle. Und kurz. Damit alles »kurz abgeschmettert« werden kann?
Die Redebeiträge der betroffenen Bürger überschlugen sich förmlich. Jede/r achtete pingelig darauf »dranzukommen«. Plötzlich stand nicht mehr der Inhalt der Rede im Vordergrund, sondern nur noch die formale Frage nach der Reihenfolge der Wortbeiträge. Leiter: *»Bitte, meine Damen und Herren, jeder hat hier das Recht, seine Meinung zu sagen!«* Genau. Aber statt daß die Politiker auf Einwände direkt und konkret geantwortet hätten, wurden die Wortbeiträge der Reihe nach »runtergespult«. So wußte nach zehn Wortbeiträgen niemand mehr, was die erste Wortmeldung beinhaltet hatte. Nach einiger Zeit ergriff einer der anwesenden Politiker das Wort. Braungebrannt, tadelloses Outfit, linke Hand in der Tasche, tänzelte er zum Mikrophon, um dieses zunächst passend zu verbiegen. Lächelnd und wortgewandt faßte dieser »Volksvertreter« alle Wortmeldungen (nach seiner Fasson!) zu einem Punkt zusammen, den er als *»die konkrete Frage, die sich in dieser Diskussion herausgeschält hat«* bezeichnete, und sabberte dazu rhetorisch geschliffen inhaltlich nichtssagendes Politikergeschwätz runter. Zunächst verhaltener Beifall. Doch dann, als er noch die Frechheit besaß, den Anwesenden *»für ihr demokratisch-kritisches Verhalten zu danken«*, und nach der Bemerkung, daß er *»nun mit neuen Ideen und Eindrücken die Bürgerversammlung verlassen«* würde, erntete er lauten Applaus. Ein Prachtkerl, dank Schlappe. Denn nur die wenigsten Bürger in dieser Versammlung werden begriffen haben, daß sie schlicht von einem Profi »abgebürstet« wurden. Das ist Tagesgeschäft und Routine von Politikern, die gewählt werden wollen.

Aus der Gruppendynamik kennen wir den »Gruppendruck«, der in diesem Beispiel – neben anderen Faktoren – eine große Rolle spielte. Wer hätte am Ende schon den Mut besessen, diesem gelackten Politprofi den Schneid abzukaufen? Und mit was hätte man/frau rechnen müssen? Wäre es nicht unendlich peinlich zu riskieren, daß sich die ganze Versammlung gegen uns stellt, protestiert, buht, pfeift? Und wie hätte man/frau sich verhalten müssen, wenn der Diskussionsleiter noch eins draufgegeben hätte? *»Also hier sind ordentliche Bürgerinnen und Bürger versammelt, die ihren Abgeordneten zur Sache befragen möchten. Wenn Sie statt dessen Krawall machen wollen, dann sind Sie auf unserer Veranstaltung falsch!«*

Also, lieber schweigen und den Kopf schütteln?

Um Gottes willen nicht! Denn gerade Veranstaltungen dieser Art sind das beste Forum, die eigene rhetorisch-schlagfertige Kampfkraft zu stärken. Was kann schon ernsthaft passieren? Auch wenn nicht alles so klappt, wie Sie es sich wünschen: Übung macht den Meister. Zur moralischen Unterstützung ist zu empfehlen, eine/n Kollegen/Kollegin mitzunehmen. Suchen Sie sich dazu aber geeignete Veranstaltungen. Es hat nämlich keinen Sinn, am Aschermittwoch zur Nibelungenhalle nach Passau zu pilgern, um rhetorische Fähigkeiten in einer CSU-Großversammlung auszuprobieren.

Beginnen Sie Ihre Übungen zum rhetorischen Angriff in einer überschaubaren Gruppe oder in Zweierdiskussionen. Erkennen Sie, wie Sie oftmals vom Patriarchat »ausgeschmiert« werden, und lernen Sie schrittweise – analog einer Fremdsprache –, wie Sie als Frau den Spieß umdrehen können. Und lernen Sie vor allem, mit dem Mißerfolg umzugehen. Nichts kann demoralisierender sein, als gut gewappnet dennoch »unterzugehen«. Vielleicht wird Ihnen das anfangs nicht erspart bleiben. Aber da muß man/frau durch!

2.5.4 *Das Grundsystem des »Sichwehrens« bei Verunsicherung, Manipulation, Überrumpelung*

Unter diesen drei Oberbegriffen können die meisten typischen rhetorischen Taktiken sowie Tricks zusammengefaßt werden. Doch selbst das ist noch »zuviel Theorie«. Es ist nämlich unerheblich, ob man Sie mit Schmeicheleien manipuliert oder mit unfairer Dialektik überrumpelt hat. Das Ergebnis ist stets das gleiche. Erfolgreicher ist es darum, daß Sie ein einfaches »System des Sichwehrens mit Schlagfertigkeit« verinnerlichen. Damit ist gemeint, daß nicht grundsätzlich jeder Einwand, jeder Versuch der Manipulation etc. perfekt und schlagfertig pariert werden muß, sondern daß es viel wichtiger ist, daß Sie überhaupt den Mut zum Widerspruch haben, daß Sie sich einfach nicht überrumpeln lassen.

Einige grundsätzliche Vorüberlegungen dazu: Es gibt keine Sache in unserer Welt, zu der es nicht eine Gegenposition gäbe – wie immer diese aussieht. Nun muß man im Leben nicht immer generell »gegen alles und jeden« sein, aber wer von uns hat es nicht schon einmal bereut, einer Sache oder einer Person vorschnell zugestimmt zu haben? Doch es liegt »in uns drin«: Was uns logisch und vernünftig erscheint, dem stimmen wir zu – oftmals ohne notwendige Hinterfragung der Sachlage oder Person. Und wie oft erwies sich dennoch unsere Entscheidung hinterher als unvernünftig und falsch? Beneidenswert also jene Menschen, die ganz cool, sachlich und mit stets klarem Verstand offensichtlich jeden Nachteil für sich selbst abwenden können?

Das können Sie auch. Und das Prinzip dazu ist relativ einfach. Was immer Ihnen gesagt wird, welches Argument immer Sie hören, was immer Ihnen logisch und vernünftig erscheint, was immer vorgeschlagen, besprochen oder beschlossen wird, welche Personen auch immer beteiligt sind:

Stellen Sie die Dinge in Frage!
Bringen Sie eine Gegenposition ins Spiel!
Zweifeln Sie mit Fragen an der Sache, an der Form, an der Methode, an den Personen und an der Situation!

Machen Sie die Gegenposition und den Widerspruch zu Ihrem »Hobby«. Beginnen Sie das »Dagegensein« zum Beispiel mit folgenden Redewendungen:
– *»Ist das eigentlich so, wie Sie das darstellen, denn wir müssen doch bedenken, daß ...«* usw.
– *»Ihre Auffassungen zum Sachverhalt XY sind sicherlich sehr interessant, aber wichtiger ist vor allem, daß ...«* usw.
– *»Jede Medaille hat zwei Seiten. Sie haben eine dargestellt. Wo bleibt die andere?«*
– *»Der Sachverhalt muß doch anders betrachtet werden, und zwar ...«* usw.
– *»Es bleibt zunächst einmal dahingestellt, ob das so zutrifft, wie Sie es schildern. Vor allem muß man bedenken, daß ...«* usw.
– *»Ihre Darstellung ist hochinteressant, aber die Kernfrage lautet doch ...«* usw.
– *»Das ist ein origineller Vergleich, aber leider kein Argument.«*

Wichtig ist vor allem, daß Sie ruhig, freundlich und hartnäckig bleiben. Lassen Sie sich nicht durch Aggressionen, Unfreundlichkeiten, Belehrungen oder Verächtlichmachung irritieren. Immer cool dranbleiben!
Falls Ihnen im Moment nichts Passendes einfällt, arbeiten Sie mit Gegenfragen:
– *»Wie kommen Sie darauf?«*
– *»Warum, glauben Sie, ist das so richtig, wie Sie es darstellen?«*
– *»Wie wichtig ist für Sie eigentlich eine andere Meinung?«*
– *»Warum soll ich das glauben?«*
Es gibt auch, falls Ihnen tatsächlich »die Luft wegbleibt«, eine

bewährte Notbremse, nämlich die Frage nach mehr Informationen:

- *»Bitte erläutern Sie Ihre Aussagen!«*
- *»Ihre Meinung geht von Informationen aus, die Sie nicht genannt haben. Welche sind das?«*
- *»Das hört sich alles so glatt an. Welche Informationen verschweigen Sie?«*

Die Vielzahl der rhetorisch-schlagfertigen Taktiken zu beschreiben und auf jede einzelne Taktik eine Abwehrmaßnahme »draufzusetzen« ist schon aus lernpsychologischen Gründen blanker Unsinn. Wer kann schon 50 und mehr Regeln behalten und dann zum richtigen Zeitpunkt die richtige Abwehrregel anwenden? Es muß also eine einfache Systemregel geben, nach der Sie sich schlagfertig wehren und angreifen können. Das schließt selbstverständlich nicht aus, daß Sie zu speziellen Taktiken, die Ihnen häufig begegnen, auch spezielle Abwehrmaßnahmen entwickeln.
Um dennoch eine gewisse Ordnung und Übersicht in rhetorische Taktiken des Patriarchats zu bringen, können drei Bereiche angegeben werden (grobes Schema). Zu jedem Bereich werden typische Taktiken von Männern benannt, zu denen anschließend Abwehrtaktiken aufgezeigt werden. Die einfachste Form der Abwehr besteht natürlich darin, diese Taktiken zu ignorieren, denn niemand kann Sie zwingen, darauf zu reagieren. Das ist aber in den meisten Fällen nicht befriedigend. Die wirksamste Form der Abwehr besteht in der Umkehrung (eventuell die erkannte Taktik anzusprechen und zurückzuweisen) und darin, selbst zum »Gegenangriff« überzugehen.
Dieses Grundprinzip »Abwehr« ist einfach:

1. Widerspruch/Infragestellung bzw. Umkehrung/Gegendarstellung (und evtl. die Taktik ansprechen)
2. Aufforderung zur Erläuterung (hartnäckig dranbleiben, mit Fragen »nachbohren«)

Erfolgsentscheidend sind immer die rhetorischen Formulierungen und »der Ton, der die Musik macht«. Das Zusammenspiel zwischen Tonfall, Lautstärke und Wortwahl ist ein Faktor der Gefühlswelt. Der direkte, bissige Widerspruch – *»Das stimmt doch gar nicht!«* oder: *»Ich habe schon Ahnung. Ich habe das studiert!«* oder: *»Das finde ich ja unerhört!«* etc. – mißlingt und ist meistens fehl am Platze. Beachten Sie bitte bei den folgenden Widerspruchsformulierungen das einfache Schema »Abwehr«:

Schlagfertigkeit bei Verunsicherung:
Beispiel:
»Sie haben den Sachverhalt nicht richtig verstanden!« Oder: *»Ihnen fehlen die Informationen!«* Oder: *»Wenn Sie mir zugehört hätten ...!«* Oder: *»Ihnen fehlt die Erfahrung ...!«* etc.

Widerspruch: *»Gerade weil ich den Sachverhalt richtig verstanden habe (richtige Informationen, zugehört, Erfahrung ...), lautet meine Meinung (widerspreche ich Ihnen) ...«* etc.

Taktik: – *»Ich gewinne eher den Eindruck, daß Sie mich mit dieser Taktik verunsichern wollen (was nicht gelingt)!«*

Angriff: – *»Was konkret gegen meine Meinung spricht, haben Sie nicht dargestellt. Darum sollten wir jetzt ...!«*

Oder:
»Wenn Sie mal länger in unserer Firma sind ...!« Oder: *»Sie haben gestern gesagt ... und nun sagen Sie ...!«* Oder: *»Das können Sie gar nicht wissen, weil ...!«* Oder: *»Wollen Sie die Verantwortung dafür tragen?«* etc.

Umkehrung:
- *»Gerade weil ich neu bin, kann ich mit Objektivität ...!«*
- *»Ich erläutere Ihnen gerne, warum ich das heute so sehe ...!«*
- *»Gerade weil ich es weiß/mich informiert habe ...!«*
- *»Ich bin immer bereit, Verantwortung zu tragen, und lasse mich darin auch nicht verunsichern!«*

Angriff:
- *»Was ist der Grund, warum Sie das glauben?«* (Nachhaken!)
- *»Welche Verantwortung konkret meinen Sie?«* (Nachhaken, evtl. ins Detail gehen.)

Schlagfertigkeit bei Manipulation:
Beispiel:
»Sie sind doch Fachfrau. Warum haben Sie ...?« Oder: *»Wenn wir schon zu XY bereit sind, dann ...!«* Oder: *»Zu diesem Aspekt haben namhafte Experten nachgewiesen, daß ...!«* Oder: *»In Wahrheit ist es doch so, daß ...!«* usw.

Gegendarstellung:
- *»Richtig. Weil ich Fachfrau bin, weiß ich ...!«*
- *»Das eine hat mit dem anderen nichts zu tun/zwei paar Stiefel ...!«*
- *»Welche Experten waren das genau?«*
- *»Goethe hat gesagt ... Und was sagen Sie?«*
- *»Herr Kollege, nicht zitieren, sondern selber denken ist hier gefragt!«*
- *»Welche Wahrheit haben Sie? Belegen Sie das bitte mit konkreten Argumenten!«*

Angriff: – *»Was ist konkret an Ihrer Lösung besser?«*
– *»Herr Kollege, bitte Argumente!«* (Nachhaken, wiederholen!)

Oder: – *»Allein Ihr Gefühl muß Ihnen doch sagen, daß …!«*
– *»Liebe verehrte gnädige Frau …«*
– *»Sind Sie nun für A, oder wollen Sie, daß …?«*
– *»Bedrückt es Sie nicht, daß …?«* usw.

Umkehrung: – *»Herr Kollege, meine Gefühle kenne ich am besten, darum …!«*
– *»Ich schätze Höflichkeiten, aber überhöre Scheinhöflichkeiten.«*
– *»So läßt sich die Frage nicht stellen. Wichtig ist …«*
– *»Weder das eine noch das andere. Zunächst müssen wir …«*
– *»Ich habe Verständnis für Ihre Auffassung. Aber es geht darum …!«*

Angriff: – *»Welche sachlichen Vorschläge haben Sie?«*
– *»Was hindert Sie konkret, der Lösung A …?«*
– *»Wo wollen wir reden? Auf der Sachebene oder auf der emotionalen Ebene?«*

Schlagfertigkeit bei Überrumpelung:

Beispiel:

»Das gehört nicht zur Sache/Tagesordnung …!« Oder: *»Wenn Sie uns garantieren können, daß …!«* Oder: *»Wer das ablehnt, wird beweisen müssen, daß …!«* Oder: *»Wir stimmen zu unter der Voraussetzung, daß …!«* usw.

Infragestellung: – *»Warum gehört das nicht zur Sache? Was sind konkret Ihre Vorschläge?«* (Nachhaken bei Ablehnung!)

und Angriff:

- *»Was hindert Sie, die Tagesordnung in diesem wichtigen Punkt …?«*
- *»Welche Chance geben Sie mir denn, das zu garantieren?«* Oder (frecher): *»Und was garantieren Sie mir?«*
- *»Beweisen müssen? Diese Taktik ist alt, Herr Kollege. Da muß ich nämlich über die Voraussetzungen verfügen. Welche Möglichkeiten* (frecher: Kompetenz) *haben Sie, mir diese zu geben?«*
- *»Welche Rahmenbedingungen können Sie mir dazu einräumen?«*

Oder:

- *»Okay, wir leiten den Vorschlag morgen Dr. Meier zur Unterschrift zu!«*
- *»Unsere Firma ist doch eine große Familie, und darum …!«*
- *»Nun bitte der Reihe nach, Herr Müller, Meier …!«* usw.

Taktik ansprechen und Angriff:

- *»Gut. Wenn Dr. Meier dem Vorschlag zustimmt, gilt er auch für mich. Ansonsten kann jeder Änderungen einbringen!«*
- *»Meine Familie ist zu Hause, Herr Kollege. Hier wollen wir doch sachlich und lösungsorientiert …, und darum …!«*
- *»Ich achte die Reihenfolge. Und ich achte auf die Länge der Beiträge und was wir anschließend damit machen!«*
- *»Wie können wir alle Meinungsbeiträge korrekt festhalten/berücksichtigen?«*

Die Systematik dieses schlagfertigen Abwehrschemas ist sicher deutlich geworden. Das Schema ist einfach. Darin liegt die Stärke und – da und dort – auch eine Schwäche. Denn es lassen sich nicht alle rhetorischen Taktiken stets einfach auffangen, zumal diese oft Kombinationen untereinander sind. Aber bei der Anwendung wird eines ohne Zweifel deutlich: Je häufiger dieses Abwehrschema eingesetzt wird und je öfter sich (auch kleine) Gesprächserfolge einstellen, um so sicherer und souveräner wird die eigene Abwehr. Meine Überzeugung ist, daß es besser ist, mit einem einfachen Schema erst einmal kleine (und dann wachsende!) Erfolge zu haben, statt mit einem perfekten, aber komplizierten System – zu scheitern. Vor allem wächst mit den kleinen Erfolgen das Selbstbewußtsein, Sie entwickeln ständig Ihre Antennen weiter und gewinnen Freude daran, sich schlagfertig zu wehren.

3. Dialektik

3.1 Dialektik – die Kunst zu überzeugen. Aber von was?

Wertfrei meint Dialektik die Kunst, die zwischen verschiedenen Standpunkten versteckte Wahrheit durch Rede und Gegenrede zu suchen, insbesondere das Aufdecken von Widersprüchen. Kurz gesagt: Es ist die Kunst zu überzeugen. Doch wovon soll jemand überzeugt werden? Von der Wahrheit oder der Unwahrheit? Beides ist »logisch« möglich. Und damit ist angedeutet, daß es »faire« und »unfaire« Dialektik geben kann. »Ein Mensch von bestechender Dialektik« – aber ist diese fair oder unfair? Sagt dieser die Wahrheit beziehungsweise interessiert er sich dafür, oder will dieser nur seinen Standpunkt durchsetzen? Wie läßt sich das feststellen, welche Abwehrmöglichkeiten gibt es für Sie, und läßt sich Dialektik erlernen? Mit Antworten auf diese Fragen befaßt sich das folgende Kapitel.
Hauptsächlich werden zwei zentrale Begriffe angesprochen: Logik und Wahrheit in der Dialektik. Zunächst einmal zum

Begriff Dialektik selbst. Ebenso wie die Rhetorik galt die Dialektik bei den »alten Herren aus Griechenland und Rom« als Gipfel der Bildung. Aus der »Kunst, gut zu reden« (ars bene dicendi) in der Antike hat sich über unterschiedliche Formen in den Jahrhunderten heute ein breites Feld der »Gebrauchsrhetorik und Dialektik« herausgebildet, welches zum Beispiel im Geschäftsleben und in der Politik zeitgemäße Ausdrucksmittel miteinander verknüpft. Mit der klassischen Rhetorik und Dialektik zur »Wahrheitsfindung« hat das nur noch wenig zu tun, und eine rein akademische Vermittlung der Rhetorik ist für das tägliche Geschäftsleben schlicht unbrauchbar.

In der Politik, in der ohnehin andere Maßstäbe gelten, hat stets *der* den Erfolg, der ein gerissener Fuchs ist, weil es für ihn immer mehrere »Wahrheiten« gibt, mit denen man Wähler täuschen und die Ehrlichen und Redlichen kräftig übers Ohr hauen kann. Entsprechend haben die Rhetorik und Dialektik der meisten Politiker einen schlechten Ruf. Daß das nicht immer so war, zeigt ein kurzer historischer Rückblick. Ausgangspunkt der Rhetorik war ein ungelöstes Problem: das Naturrecht. *Heraklit von Ephesus* (griechischer Philosoph, 550–480 v. Chr.) lehrte den *Wandel aller Dinge als ständige Aufeinanderfolge und Ablösung von Gegensätzen.* Hierunter war zu verstehen, daß zwischen menschlicher Ordnung und natürlichem Sein eine wesensmäßige Einheit bestehe, die Heraklit als Einheit von Nomos (Gesetz, Sitte, Ordnung etc.) und Physis so lehrte: *»Alle menschlichen Gesetze nähren sich aus dem göttlichen Einen.«* Der griechische Philosoph Aristoteles (384–322 v. Chr.), dessen universales Werk Grundlage für die abendländische Philosophie ist, entwickelte zur Dialektik den »Syllogismus« als »Schlußkunst«, bei der alle Beweise logisch und schlüssig vorgetragen werden mußten. Nach dieser Vorgehensweise wurde von zwei vorangegangenen Aussagen verbindlich auf eine dritte Aussage als Beweis geschlossen. Ein Kontrahent mußte nun entweder die logische Schlüssigkeit angreifen und »besiegen«, oder er hatte die Möglichkeit, zu einer der vorausgegangenen Aussagen einen Beweis zu fordern, der dann von dem Angegriffenen wiederum in der gleichen, syllogistischen Vorgehensweise erbracht werden mußte.

Man stelle sich eine solche Vorgehensweise perfekter dialektischer Kunst, in der allein das größere Wissen, die Beherrschung der Logik und die Beweiskraft der Argumente als objektivste Technik zur Wahrheitsfindung die Regel ist, heute in einem Politikergespräch vor! Unvorstellbar. Die heutige Regel lautet: mediengerechte, psychologische, manipulative, wähler- und effektheischende Selbstdarstellung. Wegen »Gottlosigkeit« wird heute niemand mehr verurteilt. Anders der griechische Philosoph Protagoras (480–410 v. Chr.), der als bedeutendster Sophist mit der Maxime »Der Mensch ist das Maß aller Dinge« neue Fragen nach der Wahrheit schuf. Die Sophisten des antiken Griechenland lehrten, daß es keine »alles überragende Wahrheiten« gebe, sondern nur eine »relative, auf den Menschen bezogene Wahrheit«. Erst infolge der Mehrheit, die nur durch Überzeugung oder Überredung der anderen mittels der Rhetorik gewonnen wird, wird sie zur »absoluten Wahrheit«. Danach war also die Mehrheitsmeinung der Maßstab für die Wahrheit, geschaffen durch die Rhetorik. Doch wer wüßte heute nicht, daß auch die Mehrheit unrecht haben kann, weil sie zum Beispiel durch Massenmedien manipuliert wurde? Der »Sophismus« gilt darum heute als ein Scheinbeweis und Trugschluß, der mit Täuschungsabsichten gemacht wird. Ein »Sophist« ist heute jemand, der in geschickter und spitzfindiger Weise etwas mit Worten zu beweisen versucht, ebenso wie der »Rabulist«, der in spitzfindiger, kleinlicher, rechthaberischer

Weise argumentiert und dabei oft den wahren Sachverhalt verdreht. So bleibt nur festzuhalten, daß zu allen Zeiten Menschen versucht haben, andere Menschen durch das gesprochene Wort zu überzeugen, zu beeindrucken, zu führen – aber auch zu *ver*führen.

Die hehren Maßstäbe griechischer Debattierkunst zur Wahrheitsfindung gelten heute weder in der Politik noch in Wirtschaft, Kirche oder Gesellschaft, sondern bestenfalls in akademischen Zirkeln. Es geht, wer wüßte das nicht, auch nicht mehr darum, die »Wahrheit zu finden oder der Wahrheitsfindung zu dienen«, sondern im Kern einzig und allein darum, Macht zu bekommen und zu erhalten, das Patriarchat und Pfründe zu sichern und ohne Rücksicht recht zu bekommen. Daß dieser »Kern« allerdings mit »demokratischen, sozialen, menschenfreundlichen, ehrlichen« Falsch- und Lügenpackungen von Gruppen beziehungsweise Personen jeglicher Couleur kaschiert wird, ist hinreichend bekannt. Geblieben sind aus den antiken und mittelalterlichen Ansprüchen zur Wahrheitsfindung nur die Bezeichnungen »Rhetorik und Dialektik« – die Ansprüche selbst sind in des Wortes doppelter Bedeutung »antik« und »mittelalterlich«. Es hat darum auch keinen Zweck, eine »zeitgemäße« Definition für diese historischen Begriffe zu finden, denn sie würde – wie immer sie lautete – den ursprünglichen Vorstellungen zur Wahrheitsfindung blanken Hohn sprechen.

Begnügen sollten wir uns mit der einfachen Definition:

Dialektik ist die Kunst zu überzeugen, wie und mit welchen Mitteln das auch immer geschieht. Hinter dieser kurzen Definition verbirgt sich dennoch ein faszinierendes Gebiet, welches als Spiel von Frage und Antwort zur Wahrheitsfindung über die mißbräuchliche Verwendung, um das Falsche wahr und das Wahre falsch erscheinen zu lassen, reicht.

Die heutige Dialektik läßt sich grob in **faire und unfaire Dia-**

lektik einteilen. Beide Formen können sowohl auf der Sach- als auch auf der Beziehungsebene beziehungsweise auf beiden Ebenen eingesetzt werden. Die Grenzen sind dabei fließend; es ist nicht möglich zu behaupten, Vorgehensweise A sei ausschließlich fair und B unfair. Das mag bereits an der groben Einteilung »fair/unfair« liegen, die schon ein Werturteil impliziert: Fair ist das, was gut – unfair das, was schlecht ist. Eine Relativierung ergibt sich dann, wenn nach dem »Ziel« gefragt wird: Was soll durch Dialektik erreicht werden? Soll zum Beispiel der »Wahrheit« zum Siege verholfen werden, unabhängig davon, wer sie vertritt – und was ist dann »die Wahrheit«? Ein baden-württembergischer Ministerpräsident schwäbelte einst über das Verhältnis des nationalsozialistischen Rechts zum heutigen Recht: *»Was damals Recht war, darf heute nicht Unrecht sein!«*
Gibt es zum Beispiel eine »absolute« und eine »relative« Wahrheit? Oder reicht statt »Wahrheit« die »Gewißheit«? Die Erreichung der Gewißheit auf dem Wege der Wahrheitsfindung wird von vielen Zeitgenossen als höchste Stufe der Erkenntnis vertreten, weil »absolute Wahrheiten« nicht erreichbar sind. Doch die Gewißheit ist ein psychischer Zustand, der es schwer (und oft unmöglich) macht, das »Wissen, welches man hat« anzuzweifeln und in Frage zu stellen. Entscheidend ist allerdings, *wie, durch wen, auf welchem Wege und mit welchen Mitteln* dieses Wissen erworben wurde und demzufolge wer »überzeugt« wurde. Wurde man überzeugt oder nur wortreich »überredet«? Wenn Überzeugung erreicht werden soll, dann muß versucht werden, den Gegner mit eigenen Erkenntnissen auf »logisch-dialektischem Wege« so zu beeinflussen, daß es bei ihm über die »Wahrscheinlichkeit« zu einer steigenden Gewißheit und damit zur »Überzeugung« kommt, daß unsere Position die richtige ist. Doch damit wurde zweifelsfrei »manipuliert« – also ist selbst faire

Dialektik selbstverständlich auch »Manipulation«, gleichgültig, ob diese nun durch eigene, ehrliche Überzeugung oder durch »Recht-haben-Wollen um jeden Preis« erfolgt. Unfair wird in diesem Zusammenhang alles das, was auf der Ebene der emotionalen Beziehungen meist mit persönlichen (unfairen) Angriffen verbunden wird.
Um Dialektik erfolgreich in der Praxis anzuwenden, muß diese in der Grundform einfach sein – das ist eine ganz zentrale Erkenntnis aus unseren Seminaren, die »die Kunst des Überzeugens« zum Inhalt hatten. Und zwar nicht deswegen, weil den Teilnehmern die Materie generell »zu kompliziert« war oder nicht verstanden wurde, sondern einzig aus dem Grund, weil jede Diskussion und Argumentation emotional besetzte Werte und Aspekte hat. Emotionen aber verdecken und verhindern sehr oft eine logisch-nüchterne Vorgehensweise. Damit soll gesagt werden, daß ein simples »Übertragen« vieler Empfehlungen zur Vorgehensweise in der Dialektik (und ebenso ihre Abwehr!) in die Alltagsrhetorik nicht »funktionieren« kann. Erst das ständige Üben bringt den erwünschten Erfolg. Enorm wichtig hierbei: Verschaffen Sie sich ständig kleine Erfolgserlebnisse, und lassen Sie sich von »Mißerfolgen«, ob anfänglich oder später, nicht demotivieren!
Ein weiterer Aspekt muß im Zusammenhang »Erlernen dialektischer Gesprächsführung« aufgezeigt werden, der einer alltäglichen Erfahrung entspricht. Als besonders fatal im Sinne von störend erweist sich nämlich stets das Vor-Urteil, daß Schlagfertigkeit grundsätzlich als Zeichen besserer Disputationskunst angesehen wird. Das stimmt so nicht. Schlagfertigkeit ist zwar eine rhetorische Gabe, die bis zu einem gewissen Grad trainiert und als ein Zeichen der Überlegenheit gesehen werden kann, aber sie kann auch eine Falle sein. Sie wird sogar zu einer sehr üblen, folgenschweren Falle, wenn der Schlagfertige in seine eigene (schlagfertige) Fähigkeit

»verliebt« ist und im Grunde darauf hofft und alles darauf abstellt, »mit einem Schlag fertig zu sein«. Als Sieger verläßt der Schlagfertige aber nur dann den Platz, wenn er ein Publikum hat, welches generell Schlagfertigkeit als Maßstab für einen Diskussionssieg wertet.
Zunächst zum Aufbau einer dialektischen Gesprächsführung, die wir anhand der einfachen Betrachtungsweise beginnen wollen, daß die Dialektik von drei zentralen Ansatzpunkten ausgeht:

1. Wahrheit,
die nicht voll genannt wird, und Wahrscheinlichkeit, die in unterschiedlichen Stufen zur Gewißheit führt und die es als psychischer Zustand schwermacht, eine Aussage zu bezweifeln.

2. Logik,
als reiner Denkakt, der zur Wahrheit keine Stellung nimmt.

3. Sprachspiele,
rhetorische Sprachspiele zur Schlagfertigkeit, die Aussagen in die richtige Sprache »verpacken« und/oder die bewußt verwirrend, irreführend etc. dazugehören und eingesetzt werden.

Bekannt ist, daß Halbwahrheiten oft gefährlicher sind als Lügen. Der Grund hierfür liegt auf der Hand. Wir Menschen suchen seit unserem Bestehen stets nach der Wahrheit. Je vielfältiger, umfangreicher und somit erdrückender die Informationen sind, die uns auf diesem Wege zur Wahrheit begleiten, uns »wahrhaft lenken« oder irritieren sollen, um so mehr

sind wir bereit, ja oft dankbar, Anhaltspunkte aufzugreifen, nach denen wir auf diesem Weg gesucht haben. Sie erleichtern uns die Gewißheit, auf dem richtigen Weg zu sein. Wenn auch das letzte Quentchen Wahrheit stets fehlt, so wird es die meisten Menschen nicht daran hindern, das bisher Erfahrene als »die Wahrheit« zu erkennen.
Zwar würde kein vernünftiger Mensch sich mit dem Argument jenes Bankangestellten zufriedengeben, der seinem Kunden, welcher 100 Euro in Ein-Euro-Stücken forderte, aus einem Geldhaufen 80 Euro vorzählte, und den Restbetrag mit der Bemerkung rüberschob: *»Die 80 Euro haben gestimmt, also wird der Rest auch stimmen!«* Doch in der Suche nach Wahrheit begehen wir in unserer Argumentation stets diesen Fehler. Es mag auch eine Rolle spielen, daß wir nicht immer bereit sind, die Mühen eines gänzlichen Beweises auf uns zu nehmen, und statt dessen nur bestimmte Informationen aufnehmen. Dadurch ist zu verstehen, daß Halbwahrheiten, die bestimmte Schlüsselreize implizieren, von uns besonders gefiltert und empfangen werden. Werden diese dann in eine logische Schlußfolgerung eingebunden, besteht für die meisten Menschen kein Zweifel mehr an der Wahrheit der Gesamtaussage – obwohl sie nur den Zustand der »Gewißheit« erreichen. Unschwer ist also zu erkennen, daß die Einbindung von Halbwahrheiten in den logischen Zusammenhang einer Argumentation hervorragende Manipulationsmöglichkeiten eröffnet.

3.1.1 Wer ist unlogisch? Frauen?

Daß Frauen mehr gefühlsorientiert statt logisch denken und argumentieren, ist übrigens nicht nur unter Männern ein weitverbreitetes Vorurteil. Männer denken logischer, sagt man(n). Und weil – ganz offensichtlich und beweisbar – Logik der Wahrheit näher ist als das Gefühl, ist die Frage, recht oder unrecht zu haben, präjudiziert. Natürlich zugunsten der Männer. Das erklärt unter anderem, warum es nahezu ausnahmslos Männer waren und sind, die Gesetze machen, die Frauen betreffen ...

Doch heißt »logisch« auch gleichzeitig »wahr«?

Das Vorurteil »Frauen können nicht logisch denken« bringt verständlicherweise viele Zeitgenossinnen auf die Palme. Es ist ebenso diskriminierend wie:

- *Frauen können nicht Auto fahren!*
- *Frauen verstehen nichts von Politik!*
- *Zum Führen gehört ein Mann!*
- *Frau und Technik passen zusammen wie Igel und Türklinke!*

usw.

Autofahren, Politik, Führung, Technik und andere Männerdomänen wurden erfolgreich auch von Frauen besetzt. Das Vorurteil »Frauen und Logik« ist geblieben. Das Gekreische militanter Feministinnen fördert dieses Vorurteil noch und vergrößert den Abstand zum gemeinsamen Konsens zwischen Mann und Frau. Dieser Weg kann wahrlich nicht empfohlen werden. Dennoch müssen sich Frauen auch gegen dieses Vorurteil wehren. Doch warum nicht der folgende Weg für Frauen?

1. *Sich selbst mit den Regeln der Logik vertraut machen (das heißt wissen und erkennen, wie man[n] manipuliert und argumentiert).*
2. *Eventuell die Männer glauben lassen, daß das Vorurteil stimmt (also darauf aufbauen).*
3. *Mit den gleichen Waffen zurückschlagen beziehungsweise wirksame Abwehr betreiben.*

Die Logik ist das »Herzstück der Dialektik« und wird von den meisten Menschen als Straße zur Wahrheit empfunden;

entsprechend wird der logisch denkende Mensch geachtet und bewundert. Menschen, die einen logischen Zusammenhang nicht verstehen, werden von ihren Kontrahenten mit dem Urteil »blöd, dumm, begriffsstutzig« etc. stigmatisiert. Unter klassischer Logik verstehen wir die Lehre vom Begriff, vom Urteil und vom Schluß, wobei insbesondere die *»conclusio«*, die Konklusion (Schlußfolgerung), besondere Aufmerksamkeit erfordert.

Die Regel in der sprachlichen Logik ist der »Syllogismus«, ein logischer Dreisatz, demzufolge von zwei vorhandenen Aussagen verbindlich/logisch auf eine dritte Aussage (Konklusion) geschlossen werden kann. Dazu ein bekanntes Beispiel:

*** Nichts ist besser als das Himmelreich.
*** Ein warmes Bier ist besser als nichts.

*** Folglich ist ein warmes Bier besser als das Himmelreich.

Mit solchen einfachen Beispielen des sprachlich-logischen Dreisatzes läßt sich eine Menge Verwirrung anstellen, weil die Schlußfolgerung nach den vorhergegangenen Sätzen und der Ableitung logisch, aber eben nicht wahr ist. Hinzu kommt, daß sprachliche Begriffe, Wörter, Namen, Bewertungen usw. emotional besetzt oder mehrdeutig sein können (Ambiguität). Dazu zwei Beispiele, in denen jeweils das Wort »Fuchs« und »Schlange« mehrdeutig verwendet werden:

*** Der Fuchs ist ein Vierbeiner.
*** Der Chef ist ein Fuchs.

*** Folglich ist der Chef ein Vierbeiner.

Oder:
*** Die Schlange ist ein Kriechtier.
*** Die Chefsekretärin ist eine Schlange.

*** Folglich ist die Chefsekretärin ein Kriechtier.

Auf diese Art läßt sich aus einem normalen Betrieb mit Menschen ein ganzer Zoo machen. Entstehen kann dieses aber nur darum, weil Syllogismen eine gewisse Gläubigkeit erzeugen, indem sie vertraute Positionen oder Begriffe in einen logischen und damit (scheinbar) wahren Zusammenhang stellen. Daß damit einer trefflichen Manipulation Tür und Tor geöffnet wird, versteht sich von selbst.
Entscheidend – neben der logischen Ableitung – ist vor allem, daß die Anfangsaussagen akzeptiert werden. Diese Akzeptanz ergibt sich aus der Einbindung von Allgemeinweisheiten, gültigen Normen und Wertmaßstäben oder auch speziellen Erkenntnissen beziehungsweise Weisheiten.
Dazu gibt es eine Vielzahl von Vorgehensweisen, die wir aus Gründen der Praxisorientierung auf zwei beschränken wollen. Um sich gegen faire und unfaire Dialektik wehren zu können, ist es nämlich nicht erforderlich, alle Varianten zu kennen, sondern es ist vor allem wichtig, daß die prinzipielle Vorgehensweise »Dialektik« erkannt wird. Dazu wollen wir zwei Grundformen darstellen:

1. Deduktion
2. Induktion

3.1.2 Vom Allgemeinen auf das Besondere schließen (Deduktion)

Die Deduktion ist die erste (und in der Praxis üblichste) Grundform des logischen Schließens. Deduktion schließt vom Ganzen auf einen speziellen Teil beziehungsweise vom Allgemeinen auf das Besondere. Mit Hilfe der logischen Regeln des Schließens können aus wahren oder wahr angenommenen Aussagen weitere Aussagen abgeleitet (deduziert) werden, die dann ihrerseits für weitere Deduktionen benutzt werden können.

Die Anwendung der Deduktion setzt Anfangsaussagen (Axiome) voraus, die ihrerseits nicht abgeleitet oder bewiesen werden. Üblicherweise werden solche Aussagen vorangestellt, die allgemein bekannt und/oder glaubhaft sind. Ein besonders erfolgreicher Weg ist dann gegeben, wenn es gelingt, vieldeutige Begriffe, Allgemeinplätze, gültige Werte und Normen etc. in die Axiome einzubauen, die zwar jeder kennt, zu denen aber meistens Definitionen nicht erwartet werden, weil diese Begriffe Allgemeinwerte besitzen, wie zum Beispiel Heimat, Vaterland, Gerechtigkeit, Wahrheit, Demokratie, Frauenrechte, Rechtsstaatlichkeit, Ehrlichkeit, offene Gesellschaft, Nächstenliebe etc. Solche Begriffe sind mit Werten besetzt, aber ein Wert kann bekanntlich hoch oder niedrig sein. Als Beispiel dazu der Begriff »Heimat«. Keine andere Sprache dieser Welt kennt diesen Begriff so, wie wir ihn kennen und werten, und er kann auch in keine andere Sprache so übersetzt werden, daß dann darunter das Phänomen verstanden wird, das wir unter »Heimat« verstehen. Aber was verstehen wir konkret darunter? Auch die deutsche Sprache hat dafür keine einheitliche, allgemeingültige Definition, weil die Werte und Normen, die an diesen Begriff gebunden sind, einfach zu unterschiedlich von jedem Menschen verstanden werden. Ähnlich verhält es sich mit anderen Begriffen, die Allgemeinplätze beschreiben. Die Verwendung dieser Begriffe ist also nicht nur ungefährlich, unverfänglich, sondern sogar sehr nützlich, weil sie meistens moralisch gültige Wertmaßstäbe implizieren. Auch die Emotionalitäten, die diese Begriffe auslösen, spielen eine große Rolle, zum Beispiel »Ausländerfeindlichkeit« (wer will das schon?) oder »Frauenrechte« (wer will das nicht?).

Entscheidend in der deduktiven Vorgehensweise ist also, daß – vereinfacht – Allgemeinweisheiten verwendet werden. Die Grundform der Deduktion ist wiederum der sprachliche Dreisatz, gebildet aus:

a) dem ersten Obersatz (meistens eine Allgemeinweisheit) und
b) dem zweiten Obersatz (meistens eine spezielle Weisheit), der dann zur
c) Konklusion (Schlußfolgerung)

herangezogen wird. Hierzu das Beispiel:

1. Obersatz:	Alle Menschen sind sterblich. (Allgemeinweisheit)
2. Obersatz:	Auch der reichste Mann der Welt ist ein Mensch. (Spezielle Weisheit)
Konklusion:	Also ist auch der reichste Mann der Welt sterblich.

Es ist nun wichtig, daß der Gegner auf eine »gedankliche Schiene« gebracht wird, die – weil es eine Allgemeinweisheit ist – nicht verdächtig erscheint und meistens vom Gegner widerspruchslos akzeptiert wird. Dazu das Beispiel:

1. Obersatz:	Alle Vögel können fliegen. (Das weiß doch jeder!)
2. Obersatz:	Der Sperling ist ein Vogel. (Das weiß auch jeder!)
Konklusion:	Folglich kann der Sperling fliegen. (Das ist logisch!)

Das ist zwar immer noch ein banales Beispiel, aber den meisten Teilnehmern unserer Rhetorik- und Dialektikseminare war bis jetzt nichts aufgefallen – und doch wurden sie hinter das berühmte Licht geführt, weil sie in eine erste, kleine Falle tappten. In diesem Beispiel wurde nämlich als erster Obersatz eine Allgemeinweisheit vorangestellt, über die kaum einer nachdachte, weil »Vögel eben fliegen können«. Erst als der logische Dreisatz durch einen neuen, zweiten Obersatz geändert wurde, »fiel der Groschen«:

*** Alle Vögel können fliegen.
*** Der Strauß ist ein Vogel.

*** Folglich kann der Strauß fliegen … (Kann er das?)

Er kann es nicht, wie wir alle wissen, und es gibt mindestens fünf Tierarten, die als »Vögel« bezeichnet werden und nicht fliegen können. So lösten auch die nächsten Beispiele prompt Einsprüche aus, obwohl wieder von einer (glaubwürdigen) Allgemeinweisheit ausgegangen wurde:

*** Schwangerschaften dauern neun Monate.
*** Gabi ist schwanger.

*** Folglich dauert Gabis Schwangerschaft neun Monate.

Das nahmen die Teilnehmer schon nicht mehr widerspruchslos hin: *»Es gibt auch Siebenmonatsschwangerschaften oder Fehlgeburten nach x Wochen«*, *»Gabi kann sich ja bereits im fünften Monat befinden, dann stimmt die Konklusion nicht mehr«*, *»Mit ›Ärztezuschlag‹ dauern Schwangerschaften 40 Wochen«*, usw.

Niemand wird natürlich Argumentationen so simpel vortragen. Doch betrachten Sie die Beispiele in ihrer Art als »Knochengerüst«, um das noch »Fleisch gesprochen« werden muß (verbindende Worte). Dann wird daraus eine erstaunlich logisch-dialektische Argumentation, der man sich nur schwer entziehen kann.
Wie läßt sich nun Dialektik erkennen?
Der erste wichtige Schlüssel zum Erkennen eines dialektischen Redeaufbaus ist die Verallgemeinerung im ersten Obersatz (deduktive Methode). Das ist in einfachen Beispielen, wie diese dargestellt wurden, ohne weiteres möglich. Sobald die Beispiele aber komplizierter und mit entsprechen-

der Rhetorik vorgetragen werden, wird das schwieriger. Hinzu kommt etwas sehr Wesentliches: Sie müssen auf das Erkennen einer dialektischen Vorgehensweise (in diesem Fall Deduktion) »trainiert« sein, also die »richtigen Antennen« haben. Das ist zwar theoretisch möglich, in der Praxis aber müssen Sie davon ausgehen, daß es in einem längeren Gespräch mit einem versierten Dialektiker kaum gelingt, jede dialektische Falle zu erkennen und zu umgehen. Auch in der Literatur finden sich unzählige Beispiele dialektischer Vorgehensweisen, die erst nach mehrmaligem Lesen »enttarnt« werden können. Wie sollte das unmittelbar und sofort zum Beispiel erst in einem Streitgespräch geschehen? Wer aufmerksam zum Beispiel eine politische Diskussion mit geschulten Rednern im Fernsehen verfolgt, wird – wenn wir ehrlich sind – beiden Redeparteien gute Argumentationsführung bescheinigen. Und wer wäre nicht schon einmal in die »Sowohl-als-auch«-Position geraten, weil jede Partei eine Argumentation vorbrachte, mit der wir uns identifizieren konnten?

Doch wenn man die Videoaufzeichnungen sehr interessanter Diskussionen unter dem Aspekt *»wurde sachlich argumentiert oder manipuliert, und, wenn ›ja‹, wie wurde manipuliert?«* nochmals abspielt, kommt man in den meisten Fällen zu der Erkenntnis, daß die Zuhörer auf eine »gedankliche Schiene« gebracht wurden. Das heißt konkret, der Disputant versuchte (oft erfolgreich), mit bestimmten Begriffen, die einem anerkannten Werte- und Normensystem entsprachen, die Zuhörer zu zwingen, in einer bestimmten Richtung zu denken. Diese gedankliche Schiene kann aber eher mit »Locken auf eine falsche Fährte« bezeichnet werden. Ausgangspunkt ist die Unterscheidung zwischen

a) Autorität ... und

b) autoritär.

Gerade in unserer heutigen Zeit werden Begriffe, zum Beispiel in der politischen Diskussion, verwendet, deren Werte- und Normensystem in uns allen liegt, beispielsweise:

- Steuergerechtigkeit
- Vermögenssteuer für Reiche
- Solidaritätszuschlag
- Rentensicherheit
- Ökologie
- Müllvermeidung
- soziale Gerechtigkeit
- usw.

Kein vernünftiger Mensch wird bei diesen Begriffen auf die Frage »Sind Sie dafür oder dagegen?« mit »dagegen« antworten. Ein ausgefuchster Disputant wird darum diese Alternativfrage gar nicht erst stellen, sondern die Begriffe als »politische Allgemeinwerte« etc. bezeichnen, wohl wissend, keinen Widerspruch zu erhalten. Wenn er nun argumentiert und zum Beispiel Verzicht von allen Bürgern verlangt, dann begründet er es mit dem Begriff »Steuergerechtigkeit für alle«. Das ist (fast) unangreifbar. Demütig ergeben sich dann gerade die unteren Chargen in ihr Schicksal, bei denen dann die Steuern erhöht werden. Da fehlt halt die Lobby. Und die nächsten Wahlen sind weit.

3.1.3 Vom Besonderen auf das Allgemeine schließen (Induktion)

Die Induktion ist die zweite Methode, die erläutert werden soll; sie führt vom besonderen Einzelfall auf das Allgemeine, Gesetzmäßige, um daraus die logische Schlußfolgerung zu ziehen. Es ist quasi eine »umgekehrte Deduktion«. Das Beispiel hierzu:

*** Heinrich ist ein Mensch. (Einzelfall)
*** Alle Menschen sind sterblich. (Allgemeinfall)

*** Folglich ist Heinrich sterblich. (Konklusion)

Die Induktion ist als Schlußverfahren strenggenommen wissenschaftlich zwar nicht zulässig, wird aber in der Regel akzeptiert, wenn zwischen der Zahl der Ausgangsfälle und der Zahl der Fälle, auf die geschlossen wird, eine bestimmte Relation besteht.
Das ist zum Beispiel in der politischen Diskussion anders, denn wer achtet in einer politischen Argumentation schon auf wissenschaftliche Akribie? Hier zählt einzig der Effekt, »wählerwirksam« ein Ziel zu erreichen. Als Beispiel sei die »Asylantendebatte« genannt.
Zunächst einmal wird mit »Asylanten« ein Begriff verwendet, in dem eher negative Obertöne mitschwingen – im Gegensatz zu dem Begriff »Asylbewerber«. Wenn nun aber bereits mit weiteren, wertbesetzten Begriffen erkennbar werden soll, daß es Asylbewerber gibt, die sich nicht aus politischen, sondern aus wirtschaftlichen Gründen um »Asyl bewerben«, taugt der Begriff »Scheinasylbewerber« nichts. Wesentlich besser, weil negativer, klingt der Begriff »Scheinasylanten«. Daß es Menschen aus fremden Ländern gibt, die – obwohl sie dort politisch nicht verfolgt werden – mit ihren Mitteln und Möglichkeiten bei uns versuchen, auf wirtschaftlich besseren Füßen zu stehen als in ihrem Heimatland, ist bekannt (merkwürdigerweise wird dabei selten beachtet, daß die Industrienation Deutschland selbst vorwiegend auf den Export in fremde Länder ausgerichtet ist). Und natürlich ist auch bekannt, daß es Betrüger unter den Asylbewerbern gibt, die durch Tricks mehrfach Sozialhilfe abkassieren. Das kostet den deutschen Steuerzahler Millionen und läßt die Volksseele kochen. Weniger Beachtung findet da das Argument, daß

alle diese ergaunerten Beträge zusammengenommen nicht höher sind als die Schmiergelder (Pardon: Auftragsbeschaffungskosten...), die mancher Groß- oder Rüstungskonzern für die Zuteilung lukrativer Aufträge zahlt. Woher mag *das* Geld wohl stammen ...?
Es gibt eine Fülle von Beispielen aus dem politischen Leben, die exemplarisch für die dargestellten Vorgehensweisen sind. Daß insbesondere Politikerbeispiele verwendet werden, hängt einfach damit zusammen, daß diese via Massenmedien »frei Haus geliefert« werden und somit bekannt sind. Damit werden natürlich Politiker generell stigmatisiert, das heißt gebrandmarkt. Umfragen aus dem Jahr 2002 belegen, daß das Ansehen aller unserer »Volksvertreter« einen bisher nicht gekannten Tiefststand hat. Verständlicherweise ist das bei Wirtschaftsmanagern anders, denn ihre Vorgehensweisen, die mitunter wesentlich härter, unsozialer und menschenunfreundlicher sind, werden der breiten Masse nicht bekannt. Somit ist die Gattung Manager, Wirtschaftskapitäne, Führungskräfte etc. eher hoch geachtet.
Es sei denn, Manager verduften ins Ausland, weil sie ihrem Geld nachlaufen. Auch hier sei Werner Mitsch zitiert:
»Nicht jeder, der stiften geht, ist ein Mäzen.«

Es muß an dieser Stelle nochmals darauf hingewiesen werden, daß Logik nur eine Denkart ist und zur Wahrheit keine Stellung nimmt und darüber hinaus die Logik der Wahrheit oft einen Streich spielt. Das aber ist Methode. Hier ergibt sich allerdings ein fruchtbares Betätigungsfeld. Die Voraussetzungen dazu sind klar: Einerseits verfährt und argumentiert man nach zum Beispiel streng logischen Gesetzen – und darf in nahezu allen Fällen erwarten, daß eine solche Ableitung auch als »logisch« angesehen wird. Wer beschäftigt sich schon ausführlicher mit den Fesseln der Logik, um sagen und mit po-

»Hallo, ihr Beiden! Wie wär's mit uns drei Hübschen? Ich hätte da 'ne tolle Idee ...!«

»Dann sagen Sie uns erst mal, was Sie wollen. Und dann sagen wir Ihnen, was Sie uns können ...!«

pulären Beispielen belegen zu können, daß streng logische Ableitungen auch eine Menge dummes Zeug produzieren können? Andererseits kann man meistens den streng logischen und einsichtigen Ableitungen nur mit der eigenen Erfahrung oder Einzelbeispielen begegnen, die das Gegenteil aussagen. Auf das häufige Argument der »eigenen Erfahrung« läßt sich aber kontern:

- *Erfahrung ist immer die Summe aller Irrtümer!*
- *Erfahrung ist immer etwas von gestern – und wir sprechen hier von morgen.*
- *Gegen die Erfahrung des Alters kann die Kreativität der Jugend gesetzt werden!*
- *Jedes Erfahrungsbeispiel kann mit einem Gegenbeispiel widerlegt werden!*

Dialektiker produzieren »logische Verpackungen« als oft uneinnehmbare Festungen. Insbesondere verbal vorgebrachte deduktive Vorgehensweisen, Zirkelschlüsse, Analogieschlüsse usw. sind in der Hitze eines Gefechts kaum schnell zu entdecken, geschweige denn zu widerlegen – im Gegensatz zu schriftlichen Formulierungen, bei denen eine Analyse in Ruhe und der Überrumpelungseffekt nicht ohne weiteres möglich ist. Doch je näher der logische Beweis, das heißt die Konklusion, in Übereinstimmung mit Erfahrungsgrundsätzen des Lebens steht, desto schwieriger ist es, einen »logischen Fehlschluß« aufzuspüren.

3.1.4 Analogien und Zirkelschlüsse

»Wenn Sie auf das Problem X mit der Maßnahme Y reagieren, dann schießen Sie mit Kanonen auf Spatzen. Sie machen aus einer Mücke einen Elefanten! Kein vernünftiger Mensch wird dieses Problems wegen die Gerichte bemühen. Wir hatten damals doch einen vergleichsweise ähnlichen Fall, wo es auch darum ging, daß ...« usw. Wir alle kennen solche Vergleiche und wissen, was damit gemeint ist. Doch oft bekommen wir auch als Antwort zu hören, daß »die Vergleiche hinken«. Der Grund für diese Form der Argumentation ist, daß wir nach Analogien suchen. Darunter verstehen wir die Ähnlichkeit zweier Systeme in bezug auf ihre Funktion und ihre Strukturen, wobei – je nach Problemlage – eine teilweise Übereinstimmung ausreichen kann.

Ein Analogieschluß ist allerdings nicht zwingend, weil er nicht wahr sein muß, aber er eignet sich sehr gut dazu, schwierige Sachverhalte anschaulich zu erklären. Im Prinzip sind Analogien und die Schlüsse daraus vergleichbar mit Indizien und Indizienurteilen. Und die können richtig oder falsch sein, so wie eine Analogie fair oder unfair sein kann. Damit ist der Analogieschluß ein beliebtes Mittel, einen Gegner lächerlich oder unglaubwürdig zu machen. Das entscheidende Merkmal (oder besser: der Trick) dieser Vorgehensweise besteht darin,

daß das vorangestellte Argument unbewiesen bleibt – die Analogie und der Analogie*schluß* aber sollen die Richtigkeit oder Falschheit eines Arguments durch bildhafte Vergleiche untermauern beziehungsweise »beweisen«. Das hat zwar mit logischer Argumentation nichts zu tun, ist aber im Prinzip nicht unredlich. Gefährlich wird es erst, wenn ein Gegner lächerlich gemacht oder verunglimpft werden soll. Dazu einige Sätze aus einem Fernsehinterview mit *Norbert Blüm*, in dem er die Nichtanwendung des Ausbildungsgesetzes, welches die Sozialdemokraten erlassen haben, kritisiert:
»Der Staat hat so ein Ausbildungsgesetz erlassen, von dem die Sozialliberalen sich nicht trauen, es anzuwenden. Das ist so, wie wenn Sie eine Maschine kaufen, aber Angst haben, sie anzustellen, weil die Sicherung durchbrennt.«

Ebenfalls unfair handeln diejenigen, die im Vorsatz komplizierte Sachverhalte mit Fremdwörtern zusätzlich verschleiern, sich also als »kompetenter Fachmann« präsentieren, und im Nachsatz den »kleinen Mann auf der Straße« mit einer kumpelhaften Sprache für ihre Ziele gewinnen wollen. Das Beispiel:
»Die Struktur der Steuerreform ist so determiniert, daß die Gewinne der Besserverdienenden kumulativ erfaßt und progressiv besteuert werden – also mehr Steuergerechtigkeit. Wenn Sie das ablehnen, dann erklären Sie mal dem Kumpel, der für sein Geld hart malochen muß, warum er vergleichsweise mehr Steuern zahlen soll als zum Beispiel ein Unternehmen!«

Das gesamte Jahr 2002 war eine einzige Fundgrube von Verflechtungen komplizierter Sachverhalte und kumpelhafter Sprache. Insbesondere nach der Bundestagswahl 2002 wurden mit diesen »Kreationen« den Bürgern die Steuererhöhungen »verkauft«.

Ein Beispiel mit »demagogischer« Wirkung, welches große Proteste bei den Sozialdemokraten hervorrief, lieferte vor einigen Jahren das CDU-Vorstandsmitglied Heiner Geißler in bezug auf die Schulden, die von den Sozialdemokraten gemacht wurden:

»Wenn jeder Mensch seit der Geburt Jesu Christi fünf Mark Schulden gemacht hätte, dann entspräche das dem Schuldenberg, den die Sozialdemokraten uns überlassen haben.«

Nun ist allerdings auch bekannt, daß Analogien und Beispiele stets hinken und daß das vom Diskussionspartner auch gesagt wird. Eleganter und wirksamer ist daher die Verwendung von Zirkelschlüssen. Es wird das, was begründet werden soll, als bereits bewiesen vorausgesetzt. Der Volksmund sagt: *»Hier beißt sich die Katze in den Schwanz!«* Diese Vorgehensweise ist vergleichbar mit dem Satz *»Ein Haus ist ein Haus, weil es ein Haus ist«*. Das ist zwar nicht falsch, aber es ergeben sich keine neuen Erkenntnisse, es ist eine »Scheinargumentation«. Dazu folgendes Beispiel:

»Daß gute Baukenntnisse und logisches Denken für die Ausübung des Architektenberufs unerläßlich sind, zeigt sich schon daran, daß zum Architekturstudium nur zugelassen wird, wer über einen entsprechenden Lehrabschluß im Bauhauptgewerbe und die mittlere Reife verfügt.«

Daß für die Ausübung des Architektenberufs logisches Denken und Baukenntnisse erforderlich sind, ist sicherlich richtig. Diese Notwendigkeit allerdings von den Zulassungsbestimmungen zum Studium abzuleiten ist ein Scheinargument, denn es wird die Behauptung mit sich selbst bewiesen. Es muß also, um keinen Zirkelschluß entstehen zu lassen, der Satz geteilt werden, etwa so:

»Gute Baukenntnisse und logisches Denken sind für die Ausübung des Architektenberufes unerläßlich./ Zum Studium wird nur zugelassen, wer …!« usw.

Doch sind Sie in der Lage, sofort einen Zirkelschluß erkennen zu können?

3.2 Rabulistik – die Wortverdreherei

Wer in »spitzfindiger, kleinlicher und rechthaberischer Weise argumentiert und dabei oft den wahren Sachverhalt verdreht«, ist ein Rabulist. So jedenfalls definiert der Duden den Begriff Rabulist (zu lat. »rabula«). Ähnliche Begriffe sind die Eristik, die als »zum Streit geneigte Kunst« beschrieben wird, und der Sophismus, der als auf »einen Trugschluß, Scheinbeweis, zum Zwecke der Täuschung« ausgerichtet ist.
Was es nicht alles an geheimen Möglichkeiten gibt, anderen den Schneid abzukaufen – mag sich dabei so mancher sagen! In unserer modernen Medienwelt allerdings werden diese Geheimnisse zwar einerseits immer durchsichtiger, aber andererseits steigen die Fähigkeiten der Rabulisten und Konsorten, ihre Verdrehungen »zeitgemäß« zu präsentieren. Aber wer sich nicht mit der Analyse beschäftigt, ist der Wortverdreherei geradezu hilflos ausgeliefert. Ein sehr drastisches Beispiel lieferten verschiedene Politiker, welche die Bundestagswahl im September 2002 unbedingt gewinnen wollten. Hier wurden Wortverdrehungen, Halbwahrheiten, Syllogismen usw. mit zeit- und mediengerechten Auftritten verbunden. Letztlich gewannen diejenigen, die sich optisch besser, lockerer und schlagfertiger in den Medien »verkaufen« konnten. Die teure Quittung für diese naive Leichtgläubigkeit wurde den Wählern dann vier Wochen nach der Wahl präsentiert – wie man sich schmerzlich erinnern kann.
Aber war es wirklich nur »naive Leichtgläubigkeit«, oder wurden nicht vielmehr die Wähler durch eine raffinierte, schlagfertige Rabulistik hinters Licht geführt? Was machte

die so ungemein wirkungsvolle Schlagfertigkeit dieser Politprofis aus?
Hier müssen wir zunächst an unsere Auffassung erinnern, die wir zu Beginn dieses Buches darstellten. Schlagfertigkeit ist nicht nur das Parieren einer Meinung mit einem originellen Konter, denn das wäre eine einschätzbare Vorgehensweise. Hätte nämlich der Gesprächskontrahent zwei Konter, wäre man schon »geplatzt«. Schlagfertigkeit muß also in Verbindung mit der Rhetorik, Dialektik und Rabulistik als eine »ganzheitliche Methode« gesehen werden, die ständig greift, weil man die Regeln beherrscht.

Es geht nur um die Wahrheit ...!

Konrad Adenauer (1961):
»Der Russe, meine sehr verehrten Damen und Herren, der Russe, der wartet doch förmlich auf jedes Wort aus meinem Munde – und wenn ich mal wat Falsches jesagt habe, dann doch nur, um den Russen zu täuschen ...!«

In der Rabulistik geht es darum, zunächst die Worte und dann mit den verdrehten Worten die Inhalte »umzudrehen«. Hört sich kompliziert an, ist es aber nicht. Will man Worte verdrehen, so geht man zunächst davon aus, daß Worte mit Werten besetzt sind. Und ein Wert kann ja bekanntlich hoch oder niedrig sein. Nehmen wir das Beispiel »Hintern«, auf dem wir sitzen. Allein zu diesem Körperteil gibt es mindestens fünf andere Bezeichnungen, die – je nach Tonfall – eine andere Wertung erlangen. Und je nachdem, was man beabsichtigt, wählt man die passende Bezeichnung. Es ist halt ein Unterschied, ob man sagt: *»Setz dich bitte auf*

deine vier Buchstaben und arbeite …«, oder ob man sagt: »Setz dich jetzt auf deinen A … und arbeite …!«
Mit dem anderen Wert, den ein Wort hat, welches den gleichen Sachverhalt meint, bekommt man auch eine andere Bedeutung in der Argumentation. Dazu folgende Beispiele: Auf der linke Seite sehen wir Begriffe für einen Sachverhalt so, wie wir sie normalerweise bezeichnen würden. Worte, die den gleichen Sachverhalt bezeichnen, jedoch anders bewertet sind, stehen auf der rechten Seite:

– Bestechung	– Einfluß, Verbindungen
– Bestechungsgelder	– Auftragsbeschaffungskosten
– Atommüllkippe	– Entsorgungspark
– Sparaktionen am Bau	– schlichte Zweckmäßigkeit
– ungepflegter Rasen	– spontane Begrünung
– fehlende Straßenpfosten	– Fahrbahnrand-Liberalisierung
– Sparen	– antizyklische Finanzstrategie
– gezielter Todesschuß	– finaler Rettungsschuß
– umbringen, töten	– ausschalten, neutralisieren
– Terrorangriffe	– Raketen lenken sich ins Ziel
– zerfetze Leiber, Ziviltote	– Kriegsnebenschäden/ Kollateralschaden
– Völkermord	– ethnische Säuberungen

Nehmen wir nur das Beispiel »Bestechungsgelder«. Kein Unternehmen, kein Verantwortlicher würde sagen: *»Wir zahlen an unsere Auftraggeber Bestechungsgelder in mehrfacher Millionenhöhe!«* Unseriös. Doch Unternehmen, die zum Beispiel im Nahen Osten tätig sind und Aufträge erhalten wollen, wissen, daß in vielen Bereichen ohne »Bakschisch« meist nichts läuft. Erstaunlicherweise akzeptieren das auch die deutschen Finanzämter. Die Sache ist im übrigen ganz einfach. Um einen Auftrag zu erhalten, müssen zunächst bestimmte Kosten auf-

gewendet werden. Das versteht jeder. Also sind das doch Kosten, um den ... *Auftrag zu beschaffen* ... – was sonst?
Darum sagt man: »*Wir haben aufgrund der äußerst schwierigen örtlichen Verhältnisse Auftragsbeschaffungskosten im sechsstelligen Bereich ...!*«
Na also! Das hört sich doch seriös an.
Wie also kann man die Rabulistik für die Schlagfertigkeit nutzen? Hierzu ist zwar einige Übung erforderlich – aber schwierig ist es nicht. Schwieriger ist eher die Moral, etwas bewußt verdrehen zu wollen. Aber das ist nicht Thema dieses Kapitels. Die Vorgehensweise erfolgt in drei Schritten:

1. Man sucht zu den Schlüsselbegriffen (Kernaussage) des Gegners Gegensätze und/oder Synonyme.
2. Man relativiert diese.
3. Man bindet diese in ein »Wertesystem« – und ... argumentiert dagegen!

Das bedeutet, daß man in einer Argumentation nicht auf den Konsens beziehungsweise auf das Verstehen der Meinung des anderen eingestellt ist, sondern bereits jede Aussage durch ein gedankliches Programm laufen läßt, was im Grunde nur das Gegenteil respektive ein Synonym sucht. Dieses Gegenteil/Synonym kann den Sachverhalt verschlimmern oder verkleinern, herunterspielen – ja nach Absicht. Damit hat man die Möglichkeit, den Sachverhalt schon rhetorisch zu relativieren (Punkt 2). Die Einbindung in ein Wertesystem ist dann nicht allzu schwierig, denn man muß lediglich die Relativierung als »Wert verkaufen«.

Das soll im folgenden anhand eines einfachen Beispiels dargestellt werden. Gehen wir davon aus, daß einem Politiker vorgehalten wird, daß er die Unwahrheit sagte:

»Sie haben gelogen! Damit schaden Sie sich und anderen!« – Das soll der Vorwurf sein.
In diesem Satz sind zwei Schlüsselworte:
»Sie haben *GELOGEN!* Damit *SCHADEN* Sie sich und anderen!«
Hierzu müssen die Gegensätze gefunden werden:

Sie haben → *GELOGEN!*
Gegensatz: → **WAHRHEIT**

Damit → *SCHADEN … Sie sich und anderen!*
Gegensatz: → **NUTZEN**

Mit den Gegensätzen läßt sich jetzt die einfachste Form der Antwort geben:
»Ich sage die **WAHRHEIT**, *und die* **NUTZT** *allen!«*
Diese Antwort ist noch nicht sehr originell. Aber man kann damit bereits mit der Relativierung beginnen. Eine Lüge ist und bleibt eine Lüge – klar, denn sie ist das Gegenteil der Wahrheit, also eine Abweichung von der Wahrheit. Für den schlagfertigen Rabulisten natürlich nur eine »geringfügige Abweichung« …! Leichter ist es mit dem Einbringen des Nutzens. *»Warum hast du uns angelogen?«* – Diese Frage unserer Eltern hat uns als Kind ins Schwitzen gebracht. Denn schließlich gibt es ein christliches Gebot: *»Du sollst nicht lügen!«* Das macht auch ein Politiker nicht, denn ihm geht es nur um die Kommunikation mit seinen Wählern. Es werden lediglich *»einige Informationen mehr herausgehoben als andere«,* und damit bleibt man ehrlich, auch wenn man etwas von der Wahrheit abweicht … jedenfalls so ähnlich …! Also ist die Kommunikation doch ein wichtiger Nutzen. Und schließlich gilt immer noch die Regel: *Solange wir miteinander reden, schießen wir nicht aufeinander!* Das ist ein immens wertvolles Kriterium, um Kontakte zu erhalten und zu för-

dern. Doch das Wort kann eine scharfe, verletzende und sogar tödliche Waffe sein.
Zunächst: Das Wort »Kommunikation« ist positiv besetzt. Miteinander reden – das ist menschlich wertvoll. Wer wollte das bezweifeln? Daß es aber auch eine negative, unfaire Kommunikation gibt, wird dabei oftmals verdrängt. So ist dann also der Vorwurf *»Sie wollen ja gar nicht mehr reden, sondern gleich ...!«* sehr massiv und zumeist wirksam.
Nochmals, der Nutzen, warum etwas relativiert wird, ist insofern einfach, weil man seine eigenen Absichten mit dem verdrehten Begriff in ein gutes Licht stellen kann.

Und so hört sich dann die Antwort auf den Vorwurf »Lüge« von einem Profi an:
Vorwurf:
»Sie haben gelogen. Damit schaden Sie sich und anderen!«
Antwort:
»Das war nur ein geringfügiges ***Abweichen von der erkannten Wahrheit,*** *um die* ***Kommunikation*** *nicht abbrechen zu lassen. Wenn Sie das ablehnen, dann lehnen Sie* ***menschliche Kontakte*** *ab, die doch wertvoll und nützlich sind. Wollen Sie das wirklich? Na, sehen Sie ...!«*

Konkretes Beispiel:
Hessens CDU-Fraktionschef Norbert Kartmann sagte zur Falschaussage von CDU-Ministerpräsident Roland Koch vor der Presse am 10. Januar 2000:
»Eine zeitweise falsche Darstellung ist, wenn sie der Wahrheit dient, entschuldbar.«

Und wie kann man sich dagegen wehren?
Das Prinzip der schlagfertigen Rabulistik beherrschen nicht wenige Zeitgenossen. Und vor denen stehen dann viele Mitmenschen und haben – salopp gesagt – einen Knödel im Hals,

denn die Verdrehung wird als solche nicht sofort erkannt. Und bei manchen entsteht die Auffassung, daß man es hier mit einem beschlagenen, umfassend gebildeten Disputanten zu tun hat, der sich in scheinbar allen Facetten des Themas auskennt. Die rhetorisch äußerst wirkungsvolle Darstellung der schlagfertigen Verdrehung ist natürlich fester Bestandteil solcher Vorgehensweisen.

Das wirkungsvollste Abwehrschema wird den Lesern bereits bekannt vorkommen. Es besteht aus drei Punkten:

1. Versuchen Sie nicht, sofort besser zu sein!
2. Fragen, fragen und nochmals (hinter-)fragen (aushebeln!).
3. Behalten Sie den Rucksack auf!

Denken Sie bei Ihrer Abwehr daran, was der schlagfertige Rabulist bei Ihnen erreichen will – und *reagieren Sie anders als erwartet!* Konsumieren Sie nicht widerspruchslos. Er will bei Ihnen erreichen, daß Sie seiner Verdrehung zustimmen, schließlich erscheint diese ja logisch und wurde scheinbar begründet vorgetragen. Denken Sie daran, daß stets dann, wenn Sie einer Erwartungshaltung nicht entsprechen, Sie mit der Irritation des anderen rechnen können. Das Verschenken dieses Vorteils erfolgt nur dann, wenn Sie sich auf die emotionale Ebene ziehen lassen. Das kann dadurch geschehen, daß Sie sehr engagiert und emotional einen Sachverhalt kommentieren, statt zu hinterfragen, und die Antworten kurz in Frage stellen: *»Also wenn das Ihre ganze Weisheit sein soll …? Aber bitte! Was zum Beispiel ist denn wichtiger, wenn …?«* usw.
Sehr deutlich: Mit dem ständigen, hartnäckigen Hinterfragen verderben Sie auch dem ausgebufftesten Rabulisten schlicht

den Spaß. Die ganze schlagfertige Verdrehung ist nämlich im Grunde auf »widerspruchslose Konsumierung« angelegt. Ständig kritische Nachfragen passen nicht ins Programm. Vergleichen Sie das mit einem Witz, der in einer Runde erzählt wird, und stellen Sie sich vor, Sie würden jetzt die Pointe analysieren und nochmals mit anderen Worten erklären. Scheußlich. Witz tot.

3.3 Argumentationstechniken: einfach – wirkungsvoll – schlagfertig

- *»Sie behaupten etwas, was gar nicht bewiesen ist!«*
- *»Das ist zwar eine interessante Behauptung, aber kein Beweis!«*
- *»Wie begründen Sie Ihre Behauptung?«*

Wer hätte sie nicht schon einmal gehört, diese oft nervigen Aufforderungen und kritischen Anmerkungen? Und in der Tat, viele Zeitgenossen meinen, eine glaubhaft vorgetragene Behauptung sei schon eine Begründung oder gar ein Beweis. Das ist wahrlich nicht so. Wer schlagfertig und überzeugend argumentieren will, muß wissen, daß ein Argument eine Behauptung mit einer »wasserdichten« Begründung ist. Man versucht also, den anderen durch die Begründung zur Behauptung zu überzeugen. Eine Behauptung wird meist schon dann vom anderen akzeptiert, wenn die Begründung logisch erscheint beziehungsweise einleuchtet. Und damit das auch »sitzt«, wird die Begründung oft nochmals begründet, meist sogar mehrfach. Das hört sich kompliziert an, ist aber das, was viele Menschen täglich machen:
Behauptung:
»Sie werden mit dem Softwareprogramm XYZ keinen Erfolg in der Nahrungsmittelbranche haben …

1. Begründung:
weil es einfach keinen Bedarf dafür gibt.
2. Begründung:
Das haben schon unsere Studien im vergangenen Jahr bewiesen,
3. Begründung:
und unsere neuesten Untersuchungen weisen ebenfalls auf diese Ergebnisse hin.
4. Begründung:
Außerdem hat der renommierte Professor Dr. Schnacksel im Winter vergangenen Jahres in einer Studie bewiesen, daß ...!«

Wer jetzt die Fragetechniken nicht beherrscht, der wird beherrscht! Hier, wie in so vielen Fällen, erscheinen die Begründungen zur Behauptung einleuchtend und logisch. Doch statt direkt zu widersprechen, sollte die offene Fragetechnik greifen – und, besonders wichtig und effektvoll, diese sollte mit einem Lob für das Gesagte eingeleitet werden:
Lob:
»Das finde ich sehr bemerkenswert, was Sie vorgetragen haben.
1. Frage:
Doch wie wurden Ihre Studien aufgebaut? Oder:
2. Frage:
Doch was werden die neuesten Studien wirklich Neues bringen?
3. und 4. Frage:
Welche Forschungsmethoden hat Herr Professor Dr. Schnacksel angewendet, und was beweisen Sie wirklich?«

Jeder wird erkennen, daß eine solche Vorgehensweise ungemein wirkungsvoll ist. Diese »zeitgemäße Sokrates-Fragetechnik« ist im Grunde unschlagbar. Stellen Sie sich bitte vor, daß Sie die Antwort Ihres Gesprächspartners wiederum mit Fragen »in Frage stellen« und Ihre Position durchsetzen:

»Wer hat wirklich bewiesen, daß der Erfolg unmöglich ist? Und was spricht dagegen, Herr Kollege, daß wir mit der Software XZY in einem definierten Testmarkt beginnen, und dann …?« usw.

Wer also einer Argumentation wirkungsvoll entgegnen will, muß die Begründungen hinterfragen, nicht die Behauptungen. Mitunter werden auch die Begründungen vorangestellt, um anschließend die Behauptung zu äußern:
»Die Menschen wollen mit 60 Jahren in Rente gehen. Darum sollten wir ein neues Rentengesetz schaffen.«
Die Hinterfragung ist einfach:
»Welche Menschen? Alle Menschen? Frauen und Männer? Woher wissen Sie das? Wer hat das bewiesen?« usw.

Man sieht also, daß mit einer kritischen Haltung und der Technik des Hinterfragens nicht nur die Sprachlosigkeit, sondern auch die (vorzeitige) Akzeptanz überwunden werden kann. Die Reaktionen auf solche Vorgehensweisen, wenn sie flüssig und konsequent bleiben, wirken äußerst professionell und schlagfertig.

Die Taktik »Dagegensein«:
Diese Taktik zielt darauf, den Gesprächspartner zu zermürben. Allerdings muß man wissen, was das Ziel ist, was man will. Wenn man in einem Gespräch zu einem beiderseits zufriedenstellenden Ergebnis kommen will, ist es unsinnig, ständig gegen die andere Meinung zu argumentieren. Aber diese Taktik kann wirkungsvoll punktuell eingesetzt werden, und zwar als Ergänzung zu der Methode, anders als erwartet zu reagieren. Das setzt mental voraus, daß Sie zum Widerspruch bereit sind und ihn anwenden wollen. Des weiteren wendet man ähnlich der Wortverdreherei das Prinzip an, zu den

Schlüsselbegriffen des Gesprächspartners Gegensätze, Gegenposition etc. zu suchen und aus dem Gedächtnis abzurufen. Dieses schnelle Abrufen ist im Prinzip nicht schwierig, weil eine Gegenposition zu bekannten Begriffen uns allen bekannt ist. Es ist mehr eine Frage der Übung, zu jeder Position eine Gegenposition aufzubauen, denn jedes Pro hat auch ein Contra. Hier einige Beispiele (nach H. Ch. Altmann, Heyne, München 1991):

Pro	**Contra**
Entspannung	Abschreckung
Durchsetzen	Imponiergehabe
Spannung	Angstmache
Spaß	Naivität
Information	Belehrung
Sport	Streß
Kommunikation	Manipulation
Opposition	Pessimismus
Interesse	Neugier
Zölibat	Homosexualität
Eigenbedarf	Schmuggel
usw.	

Die Vorgehensweise »Dagegensein« ist dann stets gleich, nämlich so:

1. Unbedingt zuhören, aber keine Miene verziehen, keine Stimuli geben, keine vorzeitige Wortergreifung, nur den Blickkontakt halten – und über die Gegenposition nachdenken.
2. Mit geeigneten Redewendungen (siehe unten) die Aussagen des Gesprächspartners in Frage stellen und dann die Gegenposition darstellen; wenn möglich, mit Hilfe der In-

duktion oder Deduktion die eigene Position logisch aufbauen (siehe Beispiel).
3. Den Abschluß möglichst mit einer (auch provozierenden, in jedem Falle aber originellen) Frage bilden.

Nach der Antwort des Gegners wieder mit Punkt 1 beginnen und die Methode erneut durchführen. Hartnäckig, aber freundlich bleiben, denn niemand soll Ihnen nachsagen können, daß Sie lautstark, unfreundlich etc. argumentieren. Liefern Sie dem Gegner also keinen Vorwand, die Diskussion vorzeitig zu beenden, weil Sie zu engagiert die Methode durchgeführt haben.

Redewendungen, um das »Dagegensein« zu beginnen:
- *»Ist das eigentlich so, wie Sie das darstellen, denn wir müssen doch bedenken ...?«* usw.
- *»Zunächst einmal muß man wissen, daß ...«* usw.
- *»Ihre Auffassungen sind sehr interessant, aber wichtiger ist doch vor allen Dingen, daß ...«* usw.
- *»Dieser Sachverhalt ist natürlich nicht unwichtig, aber die Kernfrage lautet doch ...«* usw.
- *»Persönlich bin ich auch Ihrer Auffassung, aber wir haben nun einmal als Vorgaben ...«* usw.

Auch direkte Gegenfragen sind oftmals geeignet:
- *»Wie kommen Sie darauf?«*
- *»Warum glauben Sie, ist das so wichtig, wie Sie es darstellen?«*
- *»Jede Medaille hat zwei Seiten. Wo bleibe die zweite Seite?«*
- *»Wie wichtig ist für Sie eigentlich eine andere Meinung?«*

Argumentativ besonders schlagfertig und überzeugend wird man, wenn man die (abgerufene) Gegenposition als Schlüsselwort in den Syllogismus einbaut (siehe Abschnitt 3, Dia-

lektik). Zunächst wird es kompliziert erscheinen, aber es ist eine reine Übungsfrage.
Als Beispiel soll es um die Frage gehen, ob es eine objektive Kommunikation geben kann oder ob Kommunikation auch Manipulation sein kann. Als Vorgehensweise eignet sich die Deduktion (vom Allgemeinen auf das Besondere schließen):

1. Obersatz:	*Jede Kommunikation erfolgt durch Menschen.*
2. Obersatz:	*Menschen haben ein subjektives Wertesystem und manipulieren.*
Konklusion:	*Also liegt in jeder Kommunikation auch … Manipulation.*

Das ist das Kerngerüst. Im Zusammenhang gesprochen, könnte es sich so anhören:
»Kommunikation wird durch Menschen gestaltet, indem diese Informationen und Meinungen austauschen. Objektivität soll gewahrt bleiben, aber diese wird durch das Subjekt, den Menschen, interpretiert. Es wird also zu einem subjektiven Wertesystem. Damit liegt in jeder Kommunikation auch die Möglichkeit der Manipulation durch das Subjekt.«

Den unschlagbaren Wert dieser Vorgehensweise erhält die Argumentation durch die am Schluß gestellte, offene Frage mit provozierendem, originellem oder spöttischem Charakter:
- *»Wie kommt es, daß Sie diese Position nicht gesehen haben?«*
- *»Was ist der Grund, daß Sie nur die eine Hälfte/Seite bedacht haben?«*
- *»Daraus folgt: Argumentieren ist auch eine Übungsfrage. Warum haben Sie sowenig Zeit darauf verwendet?«*
- *»Herr Kollege, schon Goethe sagte: ›Gewöhnlich glaubt der Mensch, wenn er nur Worte hört, es müsse sich dabei doch auch etwas denken lassen.‹ Die Worte habe ich gehört, aber was soll ich mir dabei denken …?«*

– *»Nun, Herr Kollege, ein nigerianisches Sprichwort lautet: ›Der schwanzlosen Kuh treibt Gott selbst die Fliegen hinweg.‹ (Schmunzelnd:) Welches Gottvertrauen haben Sie?«*
– *»Ein lateinischer Rechtsgrundsatz lautet: ›Roma locuta causa finita – hat Rom gesprochen, ist die Sache beendet.‹ Und bitte, woher kommen Sie?«*

Schlagfertiges »Gewinnen«/dialektische Methode:
Schlagfertigkeit ist möglich, klar. Aber wie »gewinnt« man einen Gesprächspartner? Nicht jede Form der Schlagfertigkeit ist geeignet, den Partner zu gewinnen, denn letztlich sind viele Taktiken darauf abgestellt, den Partner mit einem »Schlag fertig« zu machen. Die ständig aktuelle Frage muß jedoch sein, was wir davon haben.
Daß den meisten Menschen die sofortige, schlagfertige Antwort fehlt, wurde bereits benannt. Ebenfalls wurde beschrieben, daß Schlagfertigkeit mehr sein muß, als nur einen passenden Spruch zu präsentieren. Faßt man nun den Begriff Schlagfertigkeit weiter, so wird es darum gehen, mit einem Konterargument zu entgegen, gleichzeitig aber auch den Partner zu »gewinnen«. Man gewinnt, wie alle wissen, jemanden am ehesten damit, daß man dem Partner zuhört und ihm das Gefühl vermittelt, sich für seine Argumente zu interessieren. Die bisher genannten Argumentationstechniken sind darauf angelegt, auf direktem Weg zu kontern. Man stellt also eine Behauptung auf und begründet diese. Oder man beginnt erst mit der Begründung und setzt die Behauptung an den Schluß der Argumentation. Soll jemand zermürbt werden, so bietet sich die Taktik »Dagegensein« mit mehreren Facetten an – wie beschrieben.
Alle diese Vorgehensweisen sind jedoch auf das »Siegen« ausgerichtet. Siegen aber kann bekanntlich immer nur einer. Doch »gewinnen« können mehrere und in einem Gespräch

beide Partner. Das Zuhören und Einbinden der Argumente, Meinungen etc. des Gesprächspartners ist die Grundlage dieser »Gewinn-Technik«. Man startet mit der Wiederholung der gegnerischen Argumente und setzt diesen die eigene Auffassung entgegen – möglichst am Schluß mit einer offenen Frage, die Sie wieder in die Aktion bringt.

Dialektische Gewinn-Methode:

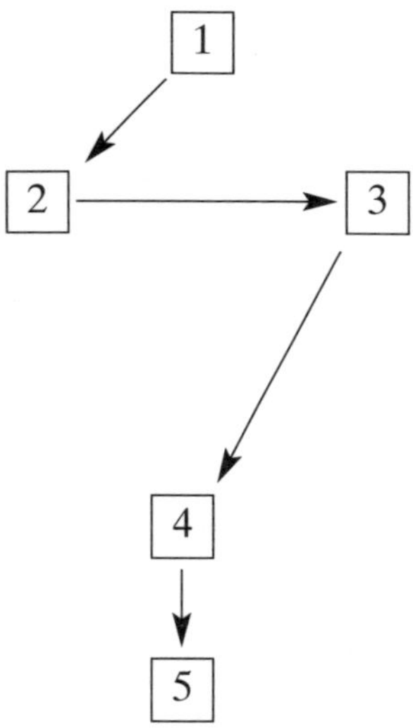

lectio	1. Sie gehen davon aus …
disputatio pro – contra	2. Unter anderem erklären Sie … 3. Dem ist jedoch entgegenzuhalten …
conclusio	4. Wenn man beide Punkte abwägt …
quaestio	Aus diesem Grunde schlage ich vor, daß … **Oder als Frage: Was spricht dagegen, daß …?**

Kernpunkt ist das Einbinden der Meinung des Partners. Besonders wirkungsvoll ist es, wenn man zu Beginn die Wichtigkeit des Arguments betont:
»Das finde ich sehr interessant, was Sie sagen. Sie gehen davon aus, daß …« usw.

Und selbstverständlich kann man auch die Negation zu Beginn einleiten:
»Ich glaube nicht, daß das so richtig ist. Zunächst gehen Sie davon aus, daß ...« usw.
Wichtig ist natürlich auch hier der Grundsatz: Der Ton macht die Musik. Wer gleich zu Beginn durch den Ton oder eine eindeutige Mimik und Gestik erkennen läßt, daß er das Argument des Partners ablehnt, kann nicht erwarten, daß der andere ihm zuhört. Zudem kann mit einer falschen Betonung der Charakter einer negativen Du-Botschaft entstehen.
Das Einbinden oder Anfügen eines originellen Spruchs etc. kann natürlich immer erfolgen – je nach dem, wen man vor sich hat und was man erreichen will:
– *»Denn wie sagte schon Konfuzius: ›Ein Schweißfuß kommt selten allein!‹«*
– *»Und wenn Sie jetzt schweigen, dann wäre das ein ganz neuer Ton, den Sie anschlagen, Herr Kollege.«*
– *»Ich habe viel Verständnis für Sie, Herr Kollege. Bis vor fünf Jahren dachte ich auch noch so ...! Aber werden nicht alle alten Sachen mit der Zeit wertvoller ...?«*

Kapitel III:
Schlagfertigkeit

4. Schlagfertigkeit in der Praxis

4.1 Kleiner Selbst-Check

Wenn Sie nicht alle Inhalte benötigen oder sofort umsetzen, machen Sie einen kleinen Selbst-Check. Suchen Sie aus, und kreuzen Sie in diesem Buch die Kapitel an, die wichtig für Sie sind. Das gilt auch für Stellen, bei denen Sie glauben, einige Defizite oder Übungsbedarf gefunden zu haben. Hinter den Fragen stehen die entsprechenden Abschnitte, in denen Sie Hinweise und Tips finden. Beispiele:

1. Haben Sie »Ihren Bauch im Griff« – oder lassen Sie sich zu schnell emotional »aufschaukeln«? Ist Ihre Körpersprache verräterisch, die Mimik und die Gestik? (2.1)
2. Hat man Ihnen irgendwann mal gesagt, daß Sie sehr »hart« sprechen und betonen? (2.2)
3. Fällt Ihnen hinterher immer das Beste ein, und ärgern Sie sich, weil Sie »wieder mal nicht rechtzeitig reagiert« beziehungsweise gekontert haben? (4.2)
4. Neigen Sie dazu, schnell »Ihr Pulver zu verschießen«, statt den »Rucksack« aufzubehalten? (2.3)
5. Ärgern Sie sich, wenn Kollegen etc. erkannterweise nur mit billigen Sprüchen eine Situation beherrschen? (4.3)
6. Erwidern Sie häufig mit Du-Botschaften, statt mit Ich-Botschaften zu entschärfen oder Du-Botschaften gezielt einzusetzen? (2.3.3)
7. Wie gut ist Ihre Fähigkeit ausgeprägt, Fragen zu stellen? Können Sie zu einem einfachen Sachverhalt etwa zehn Fragen (offene und geschlossene) hintereinander stellen? (2.3.2)
8. Kommt es für Sie als Frau oft vor, daß in einer Diskussion mit Männern durch deren rhetorisches Dominanzverhalten Ihre Argumente »untergebuttert« werden? (2.5)

9. Imponiert es Ihnen so, daß Sie nahezu sprachlos sind, wenn jemand überzeugend argumentieren kann, weil er seine Argumente in einen logischen Zusammenhang stellt, der kaum zu »knacken« ist? (3.3)
10. Kommt Ihnen manchmal eine Argumentation verdächtig vor, weil Sie im Unterbewußtsein spüren, daß hier etwas verdreht wird – Sie aber nicht dagegen ankommen können, weil Ihnen »die Spucke fehlt«? (3.2)
11. Ärgert es Sie, daß es Zeitgenossen gibt, die einen klaren Sachverhalt so umformulieren können, daß quasi aus einem »Mord« ein »entschuldbares Fehlverhalten« wird? (3.2)
12. Fehlt Ihnen die Fähigkeit, die unangenehmen Argumente des anderen mit »Dank« aufzunehmen und sie überzeugend in Ihre Gegenargumentation einzubinden? (3.3)

4.2 Praxiseinsatz von Rhetorik und Dialektik

Es gibt eine Vielzahl von Literatur über Schlagfertigkeit – gute und ... andere. Vergleicht man die guten Bücher miteinander, so ist festzustellen, daß es im wesentlichen um das gekonnte Parieren von Angriffen, Bemerkungen, Meinungen etc. geht. Je nach Situation wird unterschieden, ob der eigene Konter lustig, weich, hart usw. ausfällt. Allerdings gibt es immer ein »Danach«! Es fällt jedoch auf, daß kaum Techniken vermittelt werden, die eine Kontinuität in der Schlagfertigkeit aufzeigen. Manche Autoren glauben offenbar, daß nach einem kräftigen Schlag alles gewonnen sei. Vor einer solchen Auffassung muß gewarnt werden. Schließlich sind diejenigen, denen die Schlagfertigkeit gilt, nicht von Dummsdorf. Wie also steht jemand da, der in einer Gruppe einen Einwand originell pariert hat, sich nun aber einem neuen schlagfertigen Konter ausgesetzt sieht und schließlich, weil ihm nichts mehr einfällt, »an die Wand gespielt wird«? Peinlich. Vor allem in der Gruppe oder vor dem Publikum.

Als junger Berater führte ich ein Referat vor Bauunternehmern über Verkaufstechniken. Irgendwann erwähnte ich das Wort »Erfahrung«. Da erfolgte ein Zwischenruf von einem älteren Unternehmer, einem niederbayerischen »Original«: *»Sie reden von Erfahrung. Dabei könnten Sie mein Sohn sein!«* Gelächter. Ich konterte blitzschnell: *»Ja, aber meine Mutter hätte Sie nicht gewollt!«* Brüllendes Gelächter. Scheinbar 1 : 0 für mich. Aber das Spiel ging weiter. Jetzt hatte ich den Ehrgeiz dieses Mannes herausgefordert und in seinem niederbayerischen Dialekt gab er weitere Kommentare, die ich dann mehr oder weniger originell beantwortete. Was mir eben gerade einfiel. Und dann schalteten sich seine Kollegen ein, und jeder versuchte, mit seinem Kommentar origineller zu sein als der andere. Ich hatte dem Treiben damals nichts entgegenzusetzen, weil ich nur Sprüche kannte, aber keine Methoden und weiterführenden Techniken. Die Gefahr besteht in solchen und ähnlichen Fällen ganz klar, daß man trotz schlagfertigem Konter letztlich der Verlierer ist. Zudem gelten vor Gruppen und vor Publikum besondere »Gesetze« bei der Behandlung von Einwänden, Fragen und Zwischenrufen. Sie zu verletzen wird meistens schlimm, mindestens jedoch peinlich für den Referenten. Denken Sie an den Unterschied zwischen Chef und Nachbarn, Firmenmeetings und Gerichtsverhandlungen sowie eigenen Fehlern und Fremdfehlern.

Was also ist zu tun, um in Sachen »fähige, eigene Schlagfertigkeit« weiterzukommen? Zunächst einmal spricht überhaupt nichts dagegen, wenn Sie einige Sprüche, lateinische Rechtsregeln, Aphorismen usw. auswendig lernen und damit »hausieren« gehen. Will heißen, machen Sie sich einen Spaß daraus, dadurch zu üben, daß Sie auch mal … eine Pleite erleben. Die Welt geht nicht unter. Sie geht nur dann »für Sie« unter, wenn Sie sich demoralisieren lassen, also wenn Sie sich von Besseren und stets Besserwissenden beeindrucken lassen und resignieren. Doch wenn Sie das Glück haben, eine Kollegin, einen Kollegen, Freunde etc. zu haben, denen ein origineller, schlagfertiger Fight ebenfalls Spaß macht, dann werden Sie mit Riesenschritten zu einem schlagfertigen Zeitgenossen. Im allgemeinen gilt die Regel: **Mach dir keine Feinde durch »Plattmachen«, sondern schaffe dir Freunde durch Humor.** Wenn Sie in Ihrer Firma ein »Betriebsoriginal« haben, die oder der rhetorisch-originell kaum zu schlagen ist, dann denken Sie sich halt einen kleinen originellen Konter aus und … wenden diesen in seiner Gegenwart vor anderen an. Wenn das alles mit Humor geschieht und Ihr »Medium« das Gesicht wahren kann, dann ist es auch versöhnlich. Wird der Konter jedoch bissig und hart vorgetragen und wollen Sie es »dem Ekel endlich mal zeigen«, dann kann schlimme Rivalität entstehen. Ihr Kollege wird zum »Gegner«, der zu jeder Gelegenheit versuchen wird, Ihnen zu zeigen, daß Sie keine Chance gegen ihn haben. Aber im positiven Falle werden Sie eine wichtige Feststellung machen: Stets wird der bisher »unangefochtene Schlagfertige« versuchen, mit Ihnen die Klingen zu kreuzen. Auch wenn die nächsten Runden noch eins zu null für ihn ausgehen – Hauptsache, beide haben Spaß und können lachen. Wenn dieser Zustand erreicht ist, dürfen Sie sich selbst gratulieren. Sie sind »Clubmitglied«.

Ein eigenes Beispiel:

In einem mittelständischen Unternehmen der Betonindustrie gab es einen jungen technischen Leiter, der redegewandt und humorvoll war. Anläßlich meiner dortigen Trainingsaufgaben kamen von ihm immer wieder kleine, spitze – aber niemals bösartige – Bemerkungen. Ich hatte keine Probleme, diese auf-

zufangen sowie originell und vor allem humorvoll zu kontern. Schließlich war ich auf Schlagfertigkeit »eingestellt«. Aber als Berater, Trainer, Schriftsteller, Journalist usw. bin ich gedanklich mit vielen Dingen beschäftigt und nicht dauernd »auf Sendung«. Diese »Lücke« nutzt der junge technische Leiter sehr effizient aus. Er erkannte nämlich, daß es bei mir durchaus Pausen und Leerstellen gab, in denen ich mich so unschlagfertig verhielt, wie andere Zeitgenossen auch. Ich war einfach nicht »eingestellt«. Das nutzte er listig aus und startete meistens sehr überraschend auf mich einen äußerst wirkungsvollen Angriff mit originellen Bemerkungen – und damit einen Angriff auf die Lachmuskeln der gesamten Gruppe. Diese Erfolge ermunterten ihn, seine schlagfertigen Fähigkeiten weiterzuentwickeln. Heute ist es eine wahre Freude, mit ihm die rhetorischen Klingen zu kreuzen. Seine Vorgehensweise besteht oft darin, daß an einem sachlich vorgetragenen Inhalt, der nichts Böses ahnen ließ, eine persönliche Bemerkung im gleichen Tonfall angehangen wurde.
Beispiel:
*»Ihre Aussage finde ich sehr wichtig. Und wenn ich Sie richtig verstanden habe, dann ist positive Kommunikation stets auf das Verstehen, auf den Konsens zwischen den Menschen gerichtet … **und nicht so, wie Sie praktizieren …!«***
Den Schlußsatz sprach er genauso sachlich,wie den vorherigen. Aber am Ende schmunzelte er und signalisierte damit, wie er es meinte. Er hatte die Lacher eindeutig auf seiner Seite.

Seine Fähigkeiten erwarb er vorwiegend dadurch, daß er auf weiterführende Techniken und nicht nur auf die Anhäufung mehr oder weniger origineller Sprüche setzte. Er übte step by step zunächst rhetorische Elemente (verbale und nonverbale), arbeitete sich in die dialektische Vorgehensweisen ein und fand Spaß an der Rabulistik, die er zum Teil sinnvoll in seine Argumentation einfließen ließ. So verfügte er über eine ausreichende Bandbreite des rhetorischen Instrumentariums als die notwendige Grundlage für den Einsatz von schlagfertigen Techniken. Seine stärkste Waffe aber war, daß er es gelernt hatte, durch weiterführende Techniken nicht aufzugeben, obwohl der andere einen sehr originellen Konter »landen« konnte und die Lacher (zunächst) auf seiner Seite hatte.

Ein Eckpfeiler der Weiterführung ist die Fragetechnik. Sie kann sozusagen als »Brücke zwischen zwei Kontern« fungieren. Da man nicht am laufenden Band schlagfertige Aussagen machen kann, muß versucht werden, neue Felder zu finden, in denen man sich originell bewegen kann. Diese werden nicht vom Partner freiwillig geliefert, sondern man muß sie erfragen. Allein schon die »Hintergrundfrage« ist geeignet, Ansatzpunkte für einen neuen Konter zu finden (*»Was ist der Hintergrund Ihrer Frage?* Oder: *Um was genau geht es Ihnen?«)*. Wichtig ist natürlich und fast überflüssig zu erwähnen, daß man mit wachen Sinnen darauf achtet, wo der Ansatzpunkt für eine schlagfertige Bemerkung ist. Man muß »eingestellt« sein.

»Perfekt« muß man nicht sein, kann man vermutlich auch nicht. Aber um Perfektion geht es auch nicht, sondern um Gewinnen, um Sympathie, um Anerkennung und vor allem um die eigene Zufriedenheit. Die entsteht nämlich dann, wenn Sie selbst den Eindruck haben, zwar nicht perfekt, aber auf gar keinen Fall mehr hilflos gegenüber bestimmten Zeitgenossen zu sein.

Gewappnet mit rhetorisch-dialektischem Können wird es nun darum gehen, sich in verschiedenen Situationen schlagfertig »richtig« zu verhalten. Doch es gibt so viele Situationen, wie es Menschen gibt. Und darum muß ein Muster gefunden werden, welches geeignet ist, in jeder Situation erfolgreich zu agieren. Wir müssen also vereinfachen, um für die Praxis konkretisieren zu können. Eine sinnvolle Vereinfachung ist es, daß es weiche und harte Techniken in verschiedenen Situationen gibt. Zudem ist diese Einteilung auch geeignet, die Persönlichkeit des Agierenden zu berücksichtigen. Das heißt, daß es Menschen gibt, die generell nicht gerne »hart agieren«, weil sie lieber versöhnliche Töne anschlagen, aber nicht ausschließen, in erforderlichen Situationen harte Techniken anzuwenden. Adäquat gilt der umgekehrte Fall.

Da es unendlich viele Situationen sein können, haben wir diese auf vier Fälle reduziert:

1. Es geht zunächst um die spontane Schlagfertigkeit – sicher als wichtigste Form.
2. In der Gruppe, vor einem Publikum schlagfertig zu sein, das halten wir für die Nummer zwei.
3. Und für viele Menschen besonders ärgerlich sind Zeitgenossen, die unfair attackieren sowie unterhalb der Gürtellinie schlagen.
4. Dann gibt es noch diejenigen, die es »auch können«, gemeint ist die Schlagfertigkeit. Wie begegnet man diesen »Typen«?

4.3 Direkte, spontane Schlagfertigkeit

»Sie müssen frech sein, draufgängerisch, einfach mal durchbrechen, sich was trauen ...!« usw. – steht in vielen Büchern. Leicht zu lesen, aber schwer getan. Zwar möchte man insgeheim dem neunmalklugen Abteilungsleiter endlich mal sagen, daß ...,

aber wie? Einfach frech sein? Einfach mal draufgängerisch? Ihn mal so richtig mit einem »knallharten Spruch eintüten«? Okay, das geht. Sagen Sie ihm zum Beispiel: *»Herr Müller, bleiben Sie ruhig bei Ihrer Meinung. Für Sie ist die gut genug ...!«*
Das hat gesessen!
Und dann? Haben Sie auch seinen Konter eingerechnet? Oder seine Revanche?
»Die Kiste ist nicht rund« – werden Sie danach schnell erkennen. Doch was ist falsch?
Falsch ist die Vorstellung, mit einem originellen Spruch jede Situation beherrschen zu wollen. Die spontane, direkte Schlagfertigkeit ist vermutlich das Terrain, auf dem sich die meisten sicher bewegen wollen. Sie »lebt« davon, daß einer Auffassung, Meinung oder Bemerkung ein origineller Spruch quasi »entwaffnend« entgegnet wird. Je nachdem, wen man vor sich hat, wie die Situation und der Sachverhalt ist, sind weiche oder harte Techniken angebracht. Das ist der Mindeststandard, um in der Aktion zu bleiben: die Fragetechnik.
Entscheidend ist, daß nach dem Konterspruch eine offene Frage gestellt wird, um wieder in die Aktion zu kommen.

4.3.1 Weiche Techniken

Mit weichen Techniken sind auch »weiche« Sprüche respektive Aphorismen, Rechtsregeln etc. als Antwort gemeint, die nicht verletzen oder das Gesicht des Gegners verlieren lassen. In den meisten Fällen spielt hier der Humor die dominierende Rolle. Entscheidend ist, daß Sie anschließend, also nach dem (erhofften ...!) Lacher, wieder durch eine Frage in die Aktion kommen:

Meinung des Gegners → Ihr schlagfertiger Spruch (eventuell plus Frage) → gegnerische Reaktion abwarten → dann Ihre Frage/Aktion.

Ihr schlagfertiger Spruch kann sich aus verschiedenen Möglichkeiten ergeben. Hier bieten sich folgende an:

Hörfehler und Nonsens

Anläßlich meines Gastauftritts in einer TV-Sendung von Karl Dall fiel von mir das Wort »Kinesik« (Körpersprache). Seine Reaktion: *»Aaah, Chinasyndrom ...!«* Im folgenden empfahl ich ihm, einen Pfarrer zu fragen. Seine Reaktion: *»Farah Dibah. Pater noster!«* Auch meinen Namen benutzte er, um Klamauk zu produzieren: *»Du heißt Wolf. Du hast dir ja auch einen echten Wolf geschrieben ...!«* Und auch sein anderer Gast, der Zahnarzt und Komiker Günther Willumeit, blödelte mit. Karl Dall zu ihm: *»Hast du schon mal so ein dickes Buch gelesen?« – »Nee, so ein dickes noch nicht ...!«*

Das Muster dieser (und anderer) Comedysendungen ist oft gleich. Man hört absichtlich etwas falsch und blödelt mit dem falschen Begriff weiter.

»Sie vielleicht ein verrücktes Huhn!«

»Was soll ich für Sie Verrücktes tun?«

»Hören kannst du auch nicht!«

»Auf was soll ich nicht schwören ...?«

»Mensch, sind Sie blöde ...!«

»Welcher Ski ist öde ...?«

»Sie arbeiten doch stets nach der gleichen Masche!«

»Was soll ich arbeiten mit der heißen Asche?«

»Sie haben es zwar nicht im Kopf, dafür an den Ohren!«

»Wo soll ich den Knopf hinbohren?«

»Sie sind schlicht und ergreifend bescheuert!«

»Wo hat sich was einfach verteuert?«

»Dumm daherschwätzen, das ist alles, was Sie können!«

»Dummys wetzen, oder was soll ich können?«

»Sagen Sie mal, können Sie auch noch was anderes, als nur dumme Sprüche zu klopfen?«

»Ich bin fremd hier. Keine Ahnung, wo's zum Bahnhof geht!«
»Wenn Dummheit weh täte würden Sie den ganzen Tag schreien!«
»Warum gehen Sie dann nicht zum Arzt?«
»Als der Herrgott die Intelligenz verteilt hat, da haben Sie wohl gefehlt?«
»Keineswegs. Ich hatte schon immer so große Füße!«
»Sie sollten mehr Sport treiben!«
»Tue ich doch. Ich ringe jeden Tag mit meiner Existenz!«
»Sie sind scheinbar für alles zu blöd!«
»Ja, ich war früher schon zu blöd, im Drahtkorb Milch zu holen!«
»Genau die Blödheit habe ich Ihnen zugetraut!«
»Ja, und stellen Sie sich vor, als ich im Drahtkorb Milch holte, ließ ich das Geld darin liegen und anschreiben ...!«
»Damit werden Sie ganz böse auf die Nase fallen!«
»Bin ich schon. Dabei verbog ich ein 4-Euro-Stück!«

Dieser Klamauk ist natürlich nicht geeignet, ein ernsthaftes Gespräch zu führen. Aber es gibt auch Situationen, da stellt sich entweder jemand dreist in den Vordergrund, man kommt Ihnen »saublöd« oder macht Witze auf Ihre Kosten. Dann ist nichts dagegen einzuwenden, daß Sie es ihm mit gleicher Münze heimzahlen. Sie müssen lediglich damit rechnen, daß Sie den Empfänger nicht gerade als Freund verabschieden können. Da in dieser Technik die meisten Sprüche Nonsens sind, können und werden Sie diese unverkrampft und mit Humor präsentieren. Vor allem aber können Sie nervigen Schmarotzertypen die Grenzen aufzeigen. Das sind jene Typen, die nur mit »Schmarotzerwitzen« agieren. Damit sind Zeitgenossen gemeint, die selbst keine eigenen witzigen Storys etc. vorbringen, sondern sich stets nur mit blöden Sprüchen an andere »anhängen«. Nicht selten stehen diese dann selbst im Mittelpunkt.

Mit dieser Hörfehler-Nonsens-Taktik können Sie diese Typen prächtig aushebeln. Sie müssen diese Technik nur mehrfach hintereinander durchführen. Sobald derjenige etwas sagt, mißverstehen Sie es und verblödeln das Gehörte. Jetzt können zwei Fälle entstehen. Entweder der Nervige hört von selbst auf, oder die anderen Gäste fordern Sie dazu auf. Dann haben Sie die Möglichkeit, ganz süffisant zu sagen: *»Gerne. Und der Kollege Nervig hört auf, ständig seine Schmarotzerkommentare anzuhängen, statt selbst mal etwas Lustiges zu bringen!«*
Das hat gesessen! Denn damit haben Sie die anderen in der Gruppe zu »Richtern« gemacht, denen die Schmarotzertour ab sofort auffällt.

Es wird nicht ausbleiben, daß Sie in Situationen geraten, in denen Sie »in der Falle stecken«. So sagt jemand zum Beispiel zu Ihnen:
»Sie stellen sich reichlich ungeschickt an. Bis wann, glauben Sie, haben Sie diese Krankheit überwunden?«
Vielleicht fällt Ihnen ein passender Gag ein, aber gehen wir mal davon aus, daß das nicht so ist. Jetzt ist es sehr wirkungsvoll, mit völligem Nonsens zu antworten:
»Soweit mir bekannt ist, fährt von hier aus kein direkter Bus zum Bahnhof.«
»Ach, Sie verstehen immer nur Bahnhof?«
»Und ich sage ›ja‹ zu deutschem Wasser!« (Kultspruch von Harald Schmidt)
»Vermutlich wurden Sie in deutschem Wasser zu heiß gebadet ...!«
»Ja, ja, wer im Glashaus sitzt, hat immer frische Scherben!«

Irgendwann erschöpft man den anderen mit diesem Nonsens, der signalisiert, daß man ihn nicht ernst nimmt. Und wer Spaß hat, kann noch eins draufgeben:

»Wie fühlt man sich, wenn man so (jämmerlich) scheitert? Warum besuchen Sie nicht einmal einen Grundkurs ›Schlagfertigkeit‹?«
Doch wie gesagt, wichtig ist stets, was Sie erreichen wollen.

»So ist es! Genau richtig!«
Das ist eine fabelhafte Technik. Vor allem deswegen, weil es in den meisten Fällen möglich ist, eine Frage anzuhängen, um wieder in die Aktion zu kommen. Die Technik birgt in sich schon Originalität, also mit anderen Worten, man ist auf lustige »Kracher« eingestellt.
Zum Einstieg:
Anläßlich eines Balls sagt Graf Esterhazy zu Graf Bobby: *»Geh schau, Bobby, du hast einen braunen und einen schwarzen Schuh an!«* Bobby: *»So ist es. Und stell dir vor, zu Hause habe ich noch so ein Paar …!«*
Und noch ein Blödelwitz, aber mit einer bissigen Pointe:
Frau sagt zu einem Fahrgast in der Tram: *»Pfui Teufel, Sie stinken ja nach Alkohol!«* Antwort: *»Genau richtig! Aber ich bin morgen wieder nüchtern, und Sie sehen morgen noch genauso häßlich aus!«*

Diese Technik geht davon aus, daß man dem Gesprächspartner recht gibt und dann entweder eine Umkehrung vornimmt, einen Vergleich führt oder ganz einfach nur … Nonsens anhängt – und dann eine Frage stellt! Es ist wichtig, daß Sie wieder über eine Frage in die Aktion kommen. Stellen Sie sich also vor, Sie sind in einer Gruppe und haben die Chance, eine originelle Antwort zu geben – und tun es. Prima, aber was dann? Sie müssen die Führung behalten. Mit einer offenen Frage gelingt das immer.
Beispiele:
»Deine Meinung ist wie deine Kravatte: alles grau in grau!«

»Genau richtig! Farbe sollen die bringen, die die Fähigkeiten dazu haben. Wann beginnt dazu dein Grundkurs?«
»Deine Hose paßt aber farblich nicht zu dem Sakko.«
»So ist es! Aber ich kann jederzeit die Hose wechseln, du aber nicht deine Fehlurteile. Warum änderst du das nicht?«
Jetzt könnte kommen: *»Das brauche ich nicht zu ändern!«* Erinnern Sie sich bitte ans »Üben« und kontern lässig: *»Okay, dann übe noch mal ein bißchen. Bist ja noch jung ...!«*
»Sie stottern sich heute ganz schön einen zurecht!«
»Ja, genau das war meine Absicht. Ich konnte nämlich mit fünf Jahren schon so gut sprechen wie Sie heute. Soll ich Sie nur alleine oder wollen wir gemeinsam trainieren?«
»Sie liegen mit Ihrer Meinung vollkommen daneben!«
»So ist das eben! Ich liege ungenau richtig und Sie exakt falsch. Ganz persönliche Frage: Wurmt Sie das?«
»Sie sind eine impertinente Person. Stets wollen Sie recht behalten. Können Sie sich auch mal wie ein ganz normaler Mensch verhalten?«
»Ich bin so. Aber wenn ich Ihnen in drei Tagen keine Antwort auf Ihre Frage gegeben habe, dann war Ihre Einschätzung saudämlich/falsch!«

»Sitzen« kann in manchen Situationen auch eine Vorgehensweise sein nach dem naiven Motto »Selber doof«. Das funktioniert so, daß man den Vorwurf des Gegners einfach zurückgibt beziehungsweise den anderen mit dem gleichen Vorwurf konfrontiert. Zum Beispiel weist Sie jemand süffisant auf Ihren dicken Bauch hin und sagt: »Wie wär's mal mit Abnehmen?« Ihre Antwort muß jetzt ebenfalls auf die Figur des Gegners zielen, egal, ob sie schlank oder athletisch ist:
»Sie suchen wohl Tips für Ihre eigene (vermanschte) Figur, die viel zu wünschen übrigläßt?«

Weitere Beispiele:
»Gibt's Ihr Sakko auch in Ihrer Größe?«
»Dacht' ich mir's, daß Sie bei Ihrer verkorksten Garderobe billig gute Tips haben wollen!«
»Sie haben so schöne Zähne. Gibt's die auch in weiß?«
»Dacht' ich mir's, daß Sie bei Ihrem Faulgebiß gute Tips gebrauchen können!«
»Sie sollten höflicher gegenüber alten Menschen sein und zum Beispiel in der Bahn Ihren Platz für Gebrechliche freimachen!«
»Genau, so sollte es sein. Es sei denn, es handelt sich um Alzheimer-Testpersonen. Wenn die einer Bahn nachlaufen können, dann können sie auch darin stehen! Wie machen Sie das denn?«
»Sie sehen ja noch fit aus. Wie machen Sie das? Treiben Sie Sport?«
»Och, als Rentner (in meinem Alter) ist Sport automatisch. Man muß ja mindestens fünfmal pro Nacht aufstehen. Wie ist das bei Ihnen?«
»Ich schlafe nachts durch.« *»Dacht' ich mir's doch. Bettnässer ...!«*

Man kann natürlich auch ein »Kette« bilden, indem man verschiedene Gags miteinander verbindet. Als Beispiel soll das Alter beziehungsweise das Rentnerdasein dienen. Hier lassen sich immer originelle Storys bilden. Viele Moderatoren und Stars gehen nach diesem Schema vor. Sie haben Stichworte, zu denen sie eine Geschichte, eine Story, einen Gag bilden und übertreiben, also sich quasi »selbst veräppeln«:
»In meinem Alter ist alles nicht so leicht. Aber Sport ist automatisch drin. Man muß ja mindestens fünfmal pro Nacht aufstehen. Ein Kollege von mir schläft nachts durch. Der ist Bettnässer. Da hilft kein Beten. Obwohl, ich kenne ja noch das Tischgebet. Mein älterer Kollege aber sitzt auf dem Klo und kennt nur noch das Stuhlgebet. Für mich ist wichtig, daß das

Blut richtig zirkuliert, also bitte kein Blutstau, nur bei den Schwellkörpern. Ein Kollege in meinen Alter bekommt oft Blutstau, also da, wo in unserem Alter noch Blut ist. Zum Beispiel in der Prostata. Ich selbst versuche mich fit zu halten und übe. Auch sexuell. Obwohl ich immer zwischen den beiden Orgasmen so schwitze. Schließlich ist ja der Sommer dazwischen. Aber man muß sich auch in meinem Alter sexuell topfit halten, denn irgendwann im Alter ist das Verhältnis Frau–Mann 5:1. Darauf freue ich mich jetzt schon. Aber irgendwie auch wieder nicht. Tja, in meinem Alter ist eben alles nicht so leicht …!«

Profis behalten dazu nur ein paar Schlüsselworte und sprechen »ihren Text« drumherum:
Alter – Sport – Bettnässer – Tischgebet – Blutstau – Orgasmus – Sommer – 5:1.

Wenn Sie diese Kette anbringen können, haben Sie garantiert die Lacher auf Ihrer Seite. Allerdings müssen Sie auch beachten, daß man von Ihnen erwartet, wie aus der Pistole geschossen einen weiteren Gag zu bringen. Sie kennen das unter der Forderung: *»Zu-ga-be!«* Wenn Sie nicht reagieren, schließt man daraus, daß alles nur auswendig gelernt wurde. Hängen Sie jedoch einen weiteren Gag an, gelten Sie als »Original«, als Profi. Verschenken Sie darum nicht Ihren letzten Gag, sondern »verkaufen« Sie ihn. Zum obigen Beispiel könnte das wie folgt aussehen:
»Okay, meine Damen und Herren! Ich steuere eine Zugabe bei. Zusteuern ist heutzutage beliebt. Vor allem beim Eichel. Also, ich bin Rentner und muß alles versteuern, was mir lieb ist. Sogar meine Rente. Aber uns Rentnern ist es egal, ob die Renten besteuert werden, solange Gebisse, Hämorrhoidensalbe und Viagra steuerlich voll abgesetzt werden können …!«
Jetzt müssen Sie konsequent abtreten, also keine Zugabe mehr zulassen – und den Erfolg genießen.

»Lieber/besser ... als ...!«

Diese Methode ist der eigentliche Klassiker. Das Prinzip besteht darin, das, was Ihnen zur Last gelegt wird, mit etwas zu vergleichen, was wesentlich schlimmer ist. Damit relativiert/verkleinert man den Vorwurf. Wenn zudem die Antwort noch witzig oder originell ist, hat's gesessen.

Sie kennen einige bekannte Antworten mit Sicherheit:

»Du bist arm dran!«

»Lieber Arm dran als Bein ab!«

»Du siehst ziemlich verknittert aus!«

»Lieber verknittert als gar keine Entfaltungsmöglichkeiten!«

»Sie haben einen ganz schönen Bauch bekommen ...!«

»Lieber ein Bauch vom Saufen als ein Buckel vom Arbeiten!«

»Ihr ganzer Sozialvorschlag ist unnötig!«

»Lieber soziales Klimbim als atomares Bumbum!«

»Darin sind Sie ja sehr aktiv!«

»Lieber heute aktiv als morgen radioaktiv!«

»Du hast in der Klassenarbeit eine Sechs geschrieben!«

»Lieber eine Sechs als gar keine persönliche Note!«

»Sie sind ganz schön eingebildet!«

»Lieber eingebildet als gar keine Bildung!«

»Du bist ein Angeber!«

»Besser ein Angeber als ein Aufgeber!«

Das System besteht darin, daß Sie das Gegenteil, ein Synonym oder einen Nonsensbegriff als Vergleich hinzuziehen. Beispiele, die Sie sicher kennen:

»Sie haben ja eine Glatze!«

Das Gegenteil von Glatze sind Haare. Damit können Sie bereits Antworten geben:

- *»Lieber eine Glatze als zu viele Haare.«*
- *»Lieber eine schicke Glatze als ungepflegte Haare.«*
- *»Lieber eine Glatze als gar keine Haare ...!«* usw.

Nonsensvergleiche sind meistens witzig:
Das Fußballspiel ging 1 : 1 aus. Jemand sagt:
»Da wäre für unsere Mannschaft noch mehr dringewesen!«
Ihre Antwort:
»Lieber ein gutes 1 : 1 als ein doofes Unentschieden!«
Jemand spricht darüber, daß Geld allein nicht glücklich macht. Gesundheit sei das wichtigste. Sie antworten:
»Mein Motto lautet: Lieber reich und gesund als arm und krank!«

Bei den etwas härteren Vergleichen sollten Sie beachten, daß nicht alle stubenrein sind oder dem guten Geschmack entsprechen:
Jemand sagt, daß man dabei »... die Katze im Sack kauft«.
Ihre Antwort:
»Lieber eine Katze im Sack als eine Attrappe in der Hose!«
Jemand fragt, warum Sie so gerne im Wald spazierengehen.
Ihre Antwort:
»Lieber im Wald bei einer wilden Sau als zu Hause bei der bösen Frau!«
Jemand sagt, daß Sie »ein alter Bock« wären.
Ihre Antwort:
»Lieber ein alter Bock und potent als ein Greenhorn und impotent!«

Diese Liste ließe sich beliebig fortsetzen. Entscheidend ist, daß man sich einen kleinen Abstand zum Beispiel durch einen Lacher der anderen verschaffen kann. Ständig die »Besser-als ...-Vergleiche« zu bringen ist aber mehr als öde. Es sind also sehr einseitige Schlagfertigkeiten. Hier wie in vielen anderen Beispielen fehlen die »Anbindung«, die Weiterführung sowie die weiteren originellen Antworten. Es ist wie bei einem Witzeerzähler, der zwei oder drei »Brüller« gebracht hat. Jetzt erwarten die anderen von ihm nicht nur, daß er ständig weitererzählt, sondern daß die folgenden Witze sogar noch besser sind.

»Stimmt! Sie haben recht ...!«

Das ist eine Taktik, die zu sehr verblüffenden Ergebnissen führen kann. Sie geben den Vorwurf oder Kritik ganz einfach zu. Damit rechnet der andere nicht. Geben Sie aber keine weiteren Kommentare ab, sonst ist die Wirkung futsch.

»Sie sind aber schlecht gekleidet!«

»Ja stimmt. Sie haben recht!«

»Sie werden wohl noch einiges lernen müssen!«

»Stimmt. Sie haben recht!«

»Vielleicht sollten Sie es mal mit der dreistufigen Methode der kleinsten Dreiecke versuchen ...!«

»Stimmt. Sie haben recht!«

»Sie sind irgendwie ein unausstehlicher Snob!«

»Stimmt. Sie haben recht!«

Sie merken bei dieser standardisierten Antwort schon, daß es Ihnen an Selbstbewußtsein nicht mangeln darf. Aber die Angriffe werden unerwartet abgeschmettert. Nur Ihr Angreifer findet Ihr Verhalten unmöglich. Das wiederum wird Sie kaum berühren, im Gegenteil, Sie können sich über sein hilfloses Kopfschütteln diebisch freuen. Natürlich kann der Angreifer jetzt nachfragen, was Sie zum Beispiel zu tun gedenken. Jetzt bloß nicht auf die erneute Attacke einlassen, sondern wieder mit ... offenen Fragen agieren.

»Sie werden noch einiges dazulernen müssen!«

»Stimmt. Sie haben recht!«

»Klar habe ich recht! Und was gedenken Sie zu tun?«

»Pardon, wie viele Fragen kommen jetzt noch?« Oder:

»Was sollte ich Ihrer Meinung nach tun?«

»Sie sollten sich mal auf Ihren Hosenboden setzen und lernen!«
»Stimmt. Sie haben recht!«
»Ja, ja, ich weiß. Ich habe recht und Sie Ihre Ruhe!«
»Stimmt. Da haben Sie auch recht!«

Ihr Motto muß lauten:
Was kümmert es eine Eiche, wenn eine Sau sich an ihr schabt?
Eine zusätzliche Variante kommt dann ins Spiel, wenn andere Sie mit massiven Vorwürfen konfrontieren und unbedingt recht haben wollen. Die Variante besteht darin, daß Sie die Schuld übernehmen, aber so, daß jeder merkt, daß das nicht ernst gemeint war:
»Herr Schubert, ich höre schon, sie suchen einen Schuldigen. Okay, ich übernehme hiermit die Schuld, und damit ist der Fall erledigt. Wir machen jetzt weiter ...!«
»Nein, nein! So geht das nicht! Wenn Sie die Schuld übernehmen, dann müssen Sie auch die Konsequenzen tragen!«
»Stimmt. Sie haben recht! Ich übernehme die Konsequenzen. Und jetzt machen wir weiter!«

Eine Ergänzung dieser Taktik ist der Nachsatz: *»Das ist Ihr Problem!«* Zu Beginn meines Geschäftsaufbaus hatte ich eine Sekretärin, die als Halbtagskraft von einer Personal-Leasinggesellschaft kam. Sobald es ein etwas schwierigeres Problem gab, welches ich mit ihr besprach und sie lösen sollte, kam die Antwort: *»Das ist Ihr Problem!«* So war ich einige Male ziemlich verdutzt. Doch als ein wichtiger Termin anstand, dessen Vorbereitung eine Überstunde notwendig machte und sie diese wiederum mit der Bemerkung abtat, sagte ich ihr: *»Sie können nicht nur jetzt pünktlich Feierabend machen, sondern auch in der nächsten Zeit. Sie sind entlassen!«*
»Moment«, antwortete sie, *»ich sollte doch noch vier Wochen*

länger bleiben. Ich brauche auch das Geld. Dafür arbeite ich doch. Wie soll ich sonst meine Möbel bezahlen?«
Meine Antwort können Sie sich denken.

Dennoch ist die Antwort *»Das ist Ihr Problem«* gut geeignet, eine Kritik oder ähnliches abzuwehren. Sie nehmen quasi das Problem gar nicht an. Wenn Sie jetzt noch den Vorwurf mit Ihren eigenen Worten wiederholen, dann hört sich dieser ganz anders an. In einer Gruppe zum Beispiel ist das äußerst wirksam:
»Im Grunde sind Sie eine Last und zu nichts zu gebrauchen!«
»Sie meinen, daß ich eine Last bin und zu nichts zu gebrauchen sei. Das ist Ihr Problem!«
Auch die Umformulierung zur Du-Botschaft *»Da haben Sie ein Problem!«* ist wirksam:
»Die ganze Zeit warte ich auf Sie und komme durch Ihre Schlamperei einfach nicht weiter!«
»Sie meinen, daß Sie die ganze Zeit gewartet haben und durch meine Schlamperei nicht weiterkommen. Da haben Sie ein Problem!«

»Ihr Hotel ist ein Saftladen …!!«
»Wenn Sie das sagen …! Aber was macht das schon, wenn ***SIE*** *das sagen …!?*

Eine weitere Variante ist das Auffangen eines Vorwurfs, in dem man ihn nicht billigt, sondern auch noch mit dem Hinweis *»schön für …«* gutheißt.
»Sie sehen aus wie Frankenstein!«
»Tja, schön für Frankenstein!«
»Sie sind doch dümmer, als die Polizei erlaubt!«
»Schön für die Polizei!«

Natürlich sind Nachfragen immer geeignet, die Initiative zu behalten. Hier zwei bissige Beispiele:
»Sie sehen aus wie eine Mischung aus Pandit Nehru und einer Vogelscheuche!«
»Schön für den Nehru. Apropos Vogelscheuche. Wie geht's denn Ihrer Gattin?«
(Süffisanter, ironischer Angriff:) »Was mir an Ihnen so gefällt, ist Ihre impertinente Art, sich zu weigern, etwas dazuzulernen. Das muß mal festgestellt werden, obwohl man bei Ihnen ja nichts feststellt!«
»Oh, es gibt etwas, was Ihnen gefällt. Aber festgestellt haben Sie nichts. Komisch. Sind Sie von Haus aus so naiv, oder nehmen Sie Unterricht?«

Je nach Region gibt es unterschiedliche Mentalitäten. Wenn einem echten Bayern etwas gleichgültig ist, dann quittiert er das mit einem tiefsinnigen *»Jo mei!«*. In Friesland hört man statt dessen ein kurzes *»Jau!«*, in Köln vielleicht den Hinweis *»Dat määt nix!«*, und im Hamburger Raum hört man *»So 'n Schiet aber auch!«*.
Also, nicht alles, was Ihnen vorgeworfen oder an Ihnen kritisiert wird, muß schlagfertig beantwortet werden. Oftmals genügt schon ein *»Tja, was soll's?«* oder *»So ist das eben!«* usw., verbunden mit einem Achselzucken.

»Mit anderen Worten ...!«

Als ein Reporter 1995 den damaligen Bundeskanzler Helmut Kohl nach seiner Antwort entgegnete: *»Mit anderen Worten meinen Sie ...!«*, unterbrach ihn Kohl barsch mit der Belehrung: *»Was heißt hier mit anderen Worten? Ich drücke mich nicht mißverständlich aus!«* Ins Stottern kam der Reporter, denn zu massiv war die Belehrung und das Abschmettern seiner Taktik.

Zunächst einmal haben Sie jetzt schon eine praxistaugliche Antwort parat, wenn jemand Ihre Antwort einleitend kommentiert: »Mit anderen Worten ...!« Oder: »Sie wollen sicher damit sagen ...!« Ihr sofortiger Einwand muß schnell und messerscharf kommen: *»Was heißt mit anderen Worten ...?«* Oder: *»Ich will nicht sagen, sondern ich habe gesagt!«* Oder: *»Bleiben Sie bitte jetzt bei meiner Meinung. Ihre kommt später!«* usw.

Aber diese Taktik ist bestens geeignet, hinterhältige, zynische, aggressive, gemeine, beleidigende usw. Attacken offenzulegen. Der Erfolg wird nicht lange auf sich warten lassen, weil Ihr Gegenüber verlegen oder entschuldigend sagen wird: »Nein, so habe ich das nicht gemeint ...!« Auch Angeber lassen sich damit hervorragend aushebeln, insbesondere dann, wenn sie unterschwellig sagen wollen, daß sie besser sind als Sie:

»Nichts gegen Ihren Nissan. Aber ich fahre grundsätzlich nur Porsche.«

»Mit anderen Worten meinen Sie, daß Sie etwas Besseres sind, weil Sie Porsche fahren und die anderen, wie ich, kleine Leute sind!?«

»Ich habe grundsätzlich nichts gegen ein Bier. Aber ich muß nicht unbedingt Alkohol haben, um lustig zu sein.«

»Mit anderen Worten wollen Sie sagen, daß ich nur im alko-

holisierten Zustand lustig sein kann, im Gegensatz zu Ihnen?«
»Als studierter Mann müßten Sie doch eigentlich über das XY-Programm informiert sein.«
»Mit anderen Worten wollen Sie sagen, daß ich es als studierter Mann zu nichts gebracht habe und Sie sehr viel besser sind?«

Diese Vorgehensweise hat sich vor allem in der unfairen Verhandlungstaktik bewährt. Wird ein Gegner, der eine unfaire Taktik anwendet, mit dieser inhaltlich-methodisch konfrontiert, so wird die Taktik offengelegt. Und eine erkannte Taktik ist wie ein verratener Angriffsplan …
Hier wie in den anderen Beispielen kann eine Variante darin bestehen, eine weitere Frage anzuhängen beziehungsweise nach der Erklärung des anderen mit einer offenen Frage erneut in die Aktion zu kommen. Sie können dann mit einer Fragenkette Ihren Gesprächspartner gänzlich aushebeln. Er wird sich nur noch in der Defensive befinden:
»Sie haben einfach zu dem Produkt keinen Bezug, weil Sie aus einer anderen Branche kommen.«
»Mit anderen Worten wollen Sie sagen, daß ich zu dumm bin für einen Bezug, weil ich aus einer anderen Branche komme?«
»Das habe ich nicht gesagt. Ich meine nur, daß man aus der Branche kommen muß, um das Produkt zu kennen.«
»Ich verstehe Sie so, daß alle, die nicht aus Ihrer Branche kommen, vom Produkt nichts verstehen. Wie wichtig ist Ihnen denn die Information der anderen?«
»Die ist mir sehr wichtig!«
»Wenn sie Ihnen so wichtig ist, was spricht dagegen, daß Sie kurze und knappe Informationen weitergeben, statt Branchenfremde wie mich zu beschuldigen?«
»Ich habe Sie doch nicht beschuldigt! Ich will doch nur sagen …, daß …!«

»Wenn Sie das nur sagen wollen, dann heißt das doch mit anderen Worten, daß Ihnen kurze und knappe Informationen nicht so wichtig sind. Welche Lehren ziehen Sie aus Ihrem (… belehrenden) Verhalten?«

4.4 Schlagfertigkeit in der Gruppe/vor Publikum

Aus meiner über zwanzigjährigen Tätigkeit als Trainer und Referent kann ich mich an viele Gruppendiskussionen und Vorträge erinnern, in denen ich gelungene, schlagfertige Antworten oder Kommentare geben konnte. Wenn ich die Zuhörer zum Lachen oder Klatschen bringen konnte, war das für mich eine wahre Freude. Aber es mußte auch das »richtige Maß« sein. Zu viel Perfektionismus kommt selten an. Das kann zudem sehr gefährlich werden – für den Referenten. Das Ziel, zum Beispiel eines Vortrags, muß es sein, daß die Zuhörer mit den Inhalten und auch dem Referenten sehr zufrieden sind – und, ganz wichtig, dies dem Koordinator/Auftraggeber auch signalisieren. Zufriedenheit kann aber nicht entstehen, wenn es einen Sieger und einen Verlierer gibt. Damit ist folgendes gemeint:

Aus der Gruppendynamik ist bekannt, daß es in (fast) jeder Gruppe einen Gruppenführer, Mitläufer, Außenseiter, Experten, Witzbold und auch da und dort einen Intriganten gibt – meistens der Rivale des Gruppenführers. Letzterer ist der Gefährlichste. Wer es sich mit ihm verdirbt, hat durch seine »Maulwurf-Aktivität« schnell die ganze Gruppe gegen sich. Das gleiche gilt für die sogenannten »Selbstdarsteller« in einer Gruppe beziehungsweise Versammlung. Das sind diejenigen, die eigentlich gar keine Antwort auf ihre Fragen haben wollen, sondern nur bestrebt sind, sich in ein positives Licht zu stellen, sich herauszuheben, um sich selbst günstig zu

positionieren – aus welchen Gründen auch immer. Wer jetzt versucht, bei einer Frage besser zu sein, hat schlechte Karten. Aber auch Gruppenmitglieder, die lediglich eine Frage stellen, können zu einem »faulen Apfel in einer Kiste gesunder« werden, wenn man »falsch« reagiert.
Die beste Voraussetzung, um die Gruppensympathie zu gewinnen, besteht darin, der Gruppe oder einem Einzelnen sozusagen »den Vortritt« zu gewähren, also einen Gag zuzulassen (oder zu initiieren), der auf den Referenten zielt und die Gruppe zum Lachen bringt.
Ein eigenes Beispiel:
Mit Anzug und Krawatte hielt ich ein Referat vor Handwerksmeistern. Die Sprache kam auf die Wirkung des Äußeren, und ein Teilnehmer fragte, wie man sich am besten kleidet, wenn man Eindruck machen will. Ich fragte ihn: *»Wie sind die Bluffer, die Finanzbetrüger und Heiratsschwindler denn gekleidet?«* Prompt kam die Antwort aus der Gruppe: *»Genau wie Sie!«* Die Stimmung war perfekt. Aber das gelingt eben nicht immer.
Was aber kann man in einer Gruppe oder Versammlung tun, um in schwierigen Situationen zu bestehen?

4.4.1 Die wichtigste Regel

Hier gibt es eine Regel, die unbedingt zu befolgen ist, wenn man nicht in die zuvor beschriebene Problematik geraten will. Und diese Regel heißt:
Man mache sich in einer Gruppe/Versammlung nicht unnötig einen Feind!
Gehen Sie stets positiv an Einwänden, Bemerkungen, Fragen usw. heran. Bedanken Sie sich für jede Frage, jeden kritischen Hinweis – zum Beispiel während oder nach einem Referat. Die Eingangsformulierungen kennen Sie bereits:

- *»Das ist eine ganz wichtige Frage. Vielen Dank. Dazu möchte ich bemerken, daß …!«*
- *»Diese Frage wird zum richtigen Zeitpunkt gestellt. Wir müssen nämlich bedenken, daß …!«*
- *»Zu Ihrer Frage gibt es viele Details, die man zuvor klären müßte. Aber wichtig ist jetzt, daß …!«*
- (Schmunzelnd:) *»Ich habe auf diese Frage gehofft. Vielen Dank. Damit ist festgestellt, daß …!«*
- *»Dieser Einwand kommt sehr häufig, und ich bin Ihnen dankbar, daß wir jetzt dazu Stellung nehmen können. Wichtig ist vor allem, daß …!«*
- *»Vielen Dank für Ihre kritische Anmerkung. Ich habe daraus zwei Punkte zu kommentieren, die sicher für alle wichtig sind. Zum einen …!«*

Aus diesen Vorschlägen erkennen Sie, daß der Fragende stets in die Position des »Wichtigen« gehoben wird. Stellen Sie sich bitte mal vor, Sie hätten zum Beispiel anläßlich einer Betriebsversammlung eine Frage, die Sie persönlich berührt. Sie stellen diese, und … der Vortragende »bügelt« Sie ab: *»Pardon, aber solche (saublöden) Fragen sind hier wirklich unangebracht. Bitte die nächste Frage aus den Reihen der Teilnehmer …!«*
Ergebnis: Ein arroganter Referent – finden Sie nicht auch?
Wenn der hochrote Kopf sich wieder sichtbar »normal« entfärbt, werden Sie nachdenken. Vielleicht auch nachsinnen. Über Rache …?

Der Referent hätte besser so geantwortet:
»Hoppla, das ist eine gute Frage! Auf diese Frage war ich gar nicht vorbereitet. Aber gerne möchte ich diese beantworten. Können wir das aber am Ende der Veranstaltung machen? Unsere Zeit ist knapp – bitte, geht das?«
Klar geht das! Und noch mehr geht! Nämlich, daß der Fra-

gesteller stolz ist, den Referenten etwas in Bedrängnis gebracht zu haben.
Vielleicht ist seine Antwort für den Fragesteller auch gar nicht so wichtig.
Ergebnis: Ein toller Referent – finden Sie nicht auch?
Allerdings: Es geht nicht darum, daß Sie »schleimen« oder den gar »untersten Weg« gehen. Es geht nur darum, daß Sie mittels der Rhetorik und Schlagfertigkeit »führen«. Denn ein guter Führungsbegriff lautet: *Führen heißt, andere dahin zu bringen, das zu tun, was man von ihnen erwartet und verlangt.*

Umformen – anders definieren!
Besonders in der Gruppe und in Referaten ist die Methode, die bereits vorher unter dem Aspekt *»mit anderen Worten ...!«* beschrieben wurde, äußerst hilfreich. Eine Variante ist, das Gesagte umzudefinieren, es umzuformen, schlicht anders zu definieren. Die Einleitung der Umdefinierung beginnt meistens mit *»Wenn Sie unter XXX verstehen daß ..., dann bin ich gerne ...!«* usw. Natürlich ist auch die Einleitung möglich: *»Mit anderen Worten meinen Sie ja, daß ... Dann haben Sie recht ...!«* usw. Der Trick dabei besteht darin, daß Sie von dem negativen Vorwurf die positive Seite darstellen – oder diese zumindest positiv bewerten. Mit ein bißchen Phantasie kann man fast jedem negativen Begriff etwas Positives zuordnen. Beispiele:

kalter Krieger	Patriot
pingeliger Detailist	auf Praxislösungen bedacht
Witzbold	humorvoll eingestellt
Besserwisser	nach neuen Lösungen suchen
geiler Bock	auf Reize der Damen ansprechbar
Kamel	intelligentes Tier
Störenfried	durch Stören den Frieden bewahren
usw.	

Wiederum ist es wichtig, und Sie wissen es schon, daß die Anschlußfrage erst die richtige Wirkung bringt.

»Sie sind ein pingeliger Detailist!«

»Wenn Sie unter Detailist und pingelig jemanden verstehen, der auf realistische Praxislösungen bedacht ist, dann trifft das für mich zu. Warum wollen Sie unbedingt an der Praxis vorbeihandeln?«

»Sie sind doch ein geiler Bock, weiter nichts!«

»Wenn Sie unter einem geilen Bock jemanden verstehen, der auf die Reize der Damen ansprechbar ist, dann bin ich es! Auf was stehen Sie denn so ...? Auf Männer?«

»Ihnen muß man alles zehnmal erklären, bevor Sie es kapieren!«

»Wenn Sie damit meinen, daß Ihre Fähigkeit, etwas gut zu erklären, minderbemittelt ist, empfehle ich Ihnen gerne einen neuen Rhetorikkurs! Warum sind Sie beim letzten Kurs vorzeitig ausgestiegen?«

»Sie sind ein Kamel!«

»Mit anderen Worten: Sie vergleichen mich mit einem klugen Tier, ohne das man in der Wüste nicht überleben könnte. Hätten Sie beim Vergleich mit einem Schaf eigene Probleme?«

Nutzen und Gefahren bestehen bei der Umdefinierung stets darin, daß – werden sie gekonnt angewendet – die Vergleiche »sitzen«. Das wirkt, aber kann – wenn es zu weit getrieben wird – dazu führen, daß der andere gekränkt, beleidigt oder gedemütigt wird. In der Gruppe kann das gefährlich sein, weil man sich damit unter Umständen einen Feind schafft. Versuchen Sie darum stets, diese Taktik »versöhnlich« einzusetzen – und dazu gehört der »gute Ton«. Außerdem wirkt eine versöhnliche Antwort immer souverän.

»Ja, aber ...!« – ist falsch!

Diese Form einer Erwiderung sollten Sie weder im Zweiergespräch und schon gar nicht in einer Gruppendiskussion verwenden. Streichen Sie diese Formulierung ganz einfach aus Ihrem Repertoire. Ersetzen können Sie sie zum Beispiel durch die Formulierung »Ja, **und ...**!«. Statt daß Sie mit »aber« widersprechen, fügen Sie dem Gesagten noch etwas hinzu, um dann vielleicht zu einer anderen Auffassung zu gelangen:
»Sie haben schon wieder den Termin verpaßt!«
»Ja, und ich füge hinzu, daß auch die Fahrbereitschaft diesmal unpünktlich war. Darum sollten wir beim nächsten Termin ...!« usw.
Falls es dennoch Zeitgenossen gibt, die Sie mit einem (meist langgezogenen) »Ja, aber« nerven, fragen Sie genauso oft wie folgt:
»Sie sagten gerade: ›Ja, aber!‹ Worauf bezieht sich das ›Ja‹ und worauf das ›Aber‹?« Schnell wird man erkennen, daß das »Ja, aber« nur eine leere Floskel ist.

»Gerade deswegen ...« – ist richtig! Nachteile in Vorteile verwandeln

Jeder Verkäufer weiß: Irgendwann im Verkaufsgespräch kommen die Einwände des Kunden. Die Einwandbehandlung hat darum stets zum Ziel, die Bedenken des Kunden glaubhaft zu zerstreuen. Um das zu erreichen, muß sich der Verkäufer auch ernsthaft mit den Einwänden beschäftigen. Eine direkte Antwort, zum Beispiel: *»Das ist falsch!«* oder *»Das stimmt nicht!«*, wirkt eher als der Versuch, den Einwand »abzuschmettern«. Verkaufspsychologisch ist das sehr ungeschickt. Besser und geschickter ist es, die Nachteile, die ein Kunde nennt, in Vorteile umzuwandeln. Vor allem muß das Ergebnis positiv und motivierend für den Kunden sein, denn nur eine schnarrend dahingesprochene Erwiderung wirkt ebenfalls negativ.

Die Grundformulierung heißt: *»Gerade deswegen ...!«*
Beispiele:
»Die ganze Sache ist mir zu unsicher.«
»Gerade deswegen gibt es dafür eine Versicherung, die auf solche Fälle maßgeschneidert ist.«
»Bei der Dunstabzugshaube in dieser Küche sieht man ja alle Fettflecke.«
»Da hat sich der Hersteller in die Lage des Verbrauchers versetzt und hat gerade deswegen leicht und schnell zu reinigendes Glas verwendet.«
»Was soll das? Bis ich durch Sport abnehme, dauert es doch Jahre ...«
»Gerade deswegen sollten Sie zur eigenen Freude täglich mit einfachen Gymnastikübungen beginnen und diese dann steigern. Sie werden überrascht feststellen, daß ...!«
In einem Referat wurde ich Zeuge, daß sich der Referent, der bis dahin recht gut seine Themen vortrug, sich plötzlich bei einer spontanen Frage aus der Zuhörerschaft verhaspelte. Der spöttische Kommentar eines anderen Zuhörers lautete:
»Das war ja nicht ganz so perfekt. Da haben Sie sich prächtig vertan!«
Seine schlagfertige Antwort:
»Gerade deswegen habe ich mich unklar ausgedrückt, damit nicht alles so perfekt ist. Perfekte Menschen sind unsympathisch!«
Er hatte die Lacher auf seiner Seite.

»Was sagen Sie dazu ...?«
Es kann in einer Gruppendiskussion eine gefährliche Situation entstehen, wenn Sie zum Beispiel etwas gefragt werden und Sie nicht wollen, daß Ihre Antwort der Mehrheitsmeinung widerspricht. Da Sie diese Meinung aber nicht kennen, müssen Sie mit der Rückgabetechnik arbeiten. Das bedeutet,

daß Sie eine an Sie gerichtete Frage in die Gruppe zurückgeben. Die Begründung dazu ist allerdings sehr wichtig, sonst hören Sie umgehend: »Nein, nein, ***Sie*** sollen ja die Frage beantworten!«

Beispiel:

»Herr Kollege, was ist denn nun richtig? Nach 20 Minuten Wartezeit beim Kunden wieder gehen oder weiterhin warten?«

Wenn Sie nun sagen: *»Ich gehe grundsätzlich nach 15 Minuten Wartezeit!«,* dann könnte es sein, daß Ihnen von erfahrenen Verkäufern Praxisfremdheit vorgeworfen wird. Schließlich sind es immer die Umstände, unter denen ein Warten erfolgt. Es kann durchaus sein, so einige Verkäufer, daß sich durch das längere Warten eine günstigere Ausgangsposition für den Abschluß ergibt. Schließlich muß der Kunde nun ja mit einer Entschuldigung das Gespräch beginnen. Da es hierbei ohnehin um individuell zu beurteilende Fragen geht, geben Sie die Frage an die Gruppe weiter:

»Das finde ich eine spannende Frage, und dazu nehme ich eine klare Position ein. Aber jetzt ist doch mal interessant, was die Gruppe darüber denkt. Herr Müller, wie halten Sie's damit?«

Jetzt heißt es »gut zuzuhören« – und dann die Gruppenmeinung mit Ihrer eigenen zusammenzufassen.

Abwarten und zweifeln …

Wenn jemand besonders engagiert seine Meinung vorträgt, dann hilft es meist nichts, auch engagiert dagegenzuhalten. Hier wirkt mitunter ein Trick. Sobald der andere ausgeredet hat, schauen Sie ihn wartend und kopfschüttelnd an und sagen:

»Ich … warte, was von Ihnen noch kommt. Vermutlich halten Sie Ihre Argumente noch in Reserve. Denn was Sie da gerade gesagt haben, können doch unmöglich Ihre besten Argumente gewesen sein …!«

»Doch, sie waren es«, werden Sie jetzt beschwörend erfahren. Kein Problem, nun süffisant in die dargestellten Probleme hineinzuhauen.

4.4.2 Die harte Gruppe ...

Alle bisher benannten Techniken gehen – mit gekennzeichneten Ausnahmen – von einem Konsens mit den anderen aus. Es soll die direkte Konfrontation vermieden werden, weil diese zu schnell eskalieren kann. Das nützt im Geschäftsleben niemandem.
Doch wer wüßte nicht, daß es unliebsame Zeitgenossen gibt, die in einer Gruppe mit oftmals unfairen Mitteln agieren, und es auch gar keinen Zweck hat, diese »freundlich« zu stimmen. Da hilft manchmal wirklich nur der »Hammer«. Aber Vorsicht. Solche harten Antworten sind deswegen gefährlich, weil Sie sich »einen Feind schaffen«. Wenn er oder sie es schon ist, dann ist's ja egal. Dann könnten Sie etwa wie folgt loslegen:
- *»Haben Sie schon mal Ihren IQ testen lassen, und kam der bis zur Zimmertemperatur?«*
- *»Sagen Sie mal, Herr Kollege, wollen Sie mir ein Ohr abkauen? Haben Sie keinen Frisör, dem Sie solchen Käse erzählen?«*
- *»Bleiben Sie mal ruhig bei Ihrer Meinung. Für Sie ist die gut genug!«*
- *»Ich bin unfähig? Wenn Sie das sagen. Aber was macht das schon, wenn* ***Sie*** *das sagen ...?«*
- *»Nehmen Sie erst mal die Hand aus der Tasche, wenn Sie mit mir reden, und buchstabieren Sie Acapulco!«*
- *»Hat nicht so geklappt mit Ihren Sprüchen. Aber trösten Sie sich. Ein guter Playboy hat immer was in petting!«*
- *»Wo lassen Sie denken, und wer trägt Ihre sauberen Hemden?«*

- *»Wir danken Ihnen für Ihr Geschwätz. Und jetzt fassen Sie bitte mal das Ganze in einem Satz zusammen, ohne Ihre Zuhörer zu nerven!«*
- *»Also ich bin fasziniert. Das war eine ganz seltene Kombination Ihrer schwachen Intelligenz und Ihrer schwachen Blase. Für Ihre schwache Blase gäb's Abhilfe …!«*
- *»Ich wiederhole mich, weil ich versuche, Ihrer bescheidenen Intelligenz Rechnung zu tragen. Seien Sie mir doch dankbar dafür!«*
- *»Reden Sie nur so weiter. Bei Ihrem Vorleben ist das kein Wunder!«*
- *»Ihr Äußeres stimmt mit Ihrer inneren Haltung überein: durch und durch schlampig.«*
- *»Mancher, der glaubt, er sei beschlagen, merkt gar nicht, daß er im Grunde nur behämmert ist!«*
- *»Sitzt bei Ihnen ein Blinder in der Klamottenkiste und wirft Ihnen Ihre Kleidung zu?«*
- *»Sind Sie so blöd, oder nehmen Sie Unterricht?«*
- *»Sie brauchen Ihren Kopf nicht zu stützen. Hohlkörper schweben frei.«*
- *»Jetzt reden Sie mal etwas schneller. Ich kann nicht so langsam denken!«*
- *»Herr Kollege, wenn Sie nur die Ausfahrt blockieren würden, wäre das für unsere Firma schon günstig!«*
- *»Ich weiß zwar nicht, was Sie von mir wollen. Aber ich würde es mit ganzer Kraft tun!«*
- *»Ihre Vorschläge beweisen: Bei Ihnen ersetzt operative Hektik die geistige Windstille!«*
- *»Ich habe sehr viel Verständnis für den Kollegen. Bis vor zehn Jahren dachte ich auch noch so!«*
- *»Das Leben ist bekanntlich eine Krankheit, die auf sexuellem Wege übertragen wird. Darum lieber eine gesunde Verdorbenheit als eine verdorbene Gesundheit.«*

– *»Mein Herr, Sie interessieren sich zwar auffällig für die Aufrechterhaltung meiner Weiblichkeit, aber ich interessiere mich nicht für die Aufrechterhaltung Ihrer Männlichkeit!«*

4.5 Schlagfertigkeit bei … Schlagfertigen!

Ein Panzer ist nur so lange sicher, wie er nicht auf seinesgleichen trifft! Und wenn der andere eine bessere Bewaffnung hat und die Besatzung diese auch bedienen kann, dann gibt's einen Sieger und einen Verlierer. Aber auch der Sieger kann sich nicht sicher fühlen. Irgendwo lauert bestimmt jemand mit einem noch besseren Kampfgerät …!
Wer ein flinkes Mundwerk hat und schlagfertig ist, muß nicht glauben, daß er allein auf weiter Flur ist. So geschehen in einem Betrieb, in dem es einen sehr originellen Kollegen im Vertriebsdienst gab, der stets schlagfertig, lustig – aber da und dort auch bissig-ironisch – sein Umfeld rhetorisch beherrschte. Bis zu jenem Tage, als anläßlich einer Betriebsfeier einige Lieferanten als Gäste eingeladen wurden. Ein Gast war so originell, daß sich um ihn erst eine kleine und dann eine größere Gruppe gesellte. Auch der schlagfertige Kollege aus dem Betrieb war darunter. Zunächst versuchte dieser, sich mit seinen Beiträgen einzubringen. Aber das scheiterte an den Lachern der Umstehenden, die offensichtlich nur von dem Gast etwas hören wollten. Der Kollege versuchte nun, den Gast zu übertreffen, indem er ihn angriff:
Kollege: *»Herr Meier, ich muß schon sagen, Sie stehen hier im Mittelpunkt – und somit allen im Weg!«*
Antwort des Gastes:
»Das haben Sie schön gesagt, Herr Kollege. Dafür kriegen Sie auch das Kamener Kreuz am Bande …!«
Kollege: *»Geschenkt, geschenkt! Auszeichnungen bekommen wir natürlich nur für unsere hervorragende Vertriebsarbeit!«*

Gast: *»Ach, wissen Sie was? Gegen Ihren Vertriebsdienst sind freilaufende Hühner eine geschlossene Kampfformation!«*
Das war's. Dem Gelächter seiner Kollegen hatte er nichts mehr entgegenzusetzen. Es gab zwar noch ein oder zwei Versuche. Doch dann wurde es still um diesen Kollegen ...!

So muß eine Begegnung zwischen zwei Schlagfertigen nicht enden. Es kann (und sollte!) ein rhetorischer Leckerbissen für alle sein. Er wird es in aller Regel aber nur dann, wenn ein solcher »Fight« mit Humor und Versöhnlichkeit ausgetragen wird. Das schließt keinesfalls knallharte Originalitäten aus. Aber wichtig ist, daß sich beide auch beim nächsten Mal schlagfertig und humorvoll »fetzen«. Ein »Sieger« muß schmunzelnd ausgemacht werden. Und der »Besiegte« muß noch schmunzeln können. Wenn einer rhetorisch »platt« gemacht wird, sinnt dieser unweigerlich auf Rache – oder reagiert sofort.

In einer intellektuell gemischten Gruppe (so nennt man eine Gruppe, in der es Normalintelligente und Saublöde gibt ...), gab ein Gruppenmitglied nicht nur sehr originelle Antworten, sondern provozierte quasi mit etwas zynischen Fragen und Bemerkungen ein anderes Gruppenmitglied. Und es machte ihm auch noch Spaß, die Hilflosigkeit dieses Mannes aufs Korn zu nehmen. Andere hätten dieses Vorgehen dadurch aufgefangen respektive beantwortet, indem sie selbst zum rhetorischen Angriff übergangen wären. Dieser Kollege aber konnte das scheinbar nicht. Nach einiger Zeit wechselte darum zunächst sein Kopf die Farbe, dann der Rest von ihm die Diskussionsform. Eine ganz plötzlich langgestreckte Rechte, punktgenau auf das Kinn des Provozierers, beendete die einseitige Provokation und stellte neue Verhältnisse her.
Das ist nun wahrlich keine lobenswerte Lösung, soll aber verdeutlichen, daß Unversöhnlichkeit häufig mit Rachegedanken und ihren Taten einhergeht.

Deshalb eine klare Empfehlung:
Gerade dann, wenn es eindeutig eins zu null (oder höher) für Sie steht, müssen Sie eine Möglichkeit suchen, den anderen ein »Ehrentor« schießen zu lassen. Wenn gar nichts in Sicht ist, dann hilft die nette Bemerkung: *»Und ich muß sagen, wir alle hätten nicht soviel Spaß gehabt, wenn Sie, Herr Kollege, den Spaß nicht mitgemacht hätten. Ich finde, das zeichnet den Kollegen aus!«*

Richtig drücken aus …
Es gibt immer mindestens zwei Möglichkeiten, sich auszudrücken – und das in jeweils anderem Tonfall. So kann man beispielsweise sagen:
»Herr Polizist, Sie sind ein Genie!« Oder aber: *»Herr Polizist, Sie sind bei Gott kein Rindviech!«*
Die letztere Bemerkung muß nicht unbedingt zur Heiterkeit eines Polizisten beitragen. Da ist Vorsicht geboten. Ebenso wie bei der strafwürdigen Bemerkung: *»Ich glaube, Sie haben den Arsch offen!«* und ihrer Umformulierung: *»Ich glaube, Sie haben ein Opening am verlängerten Rückgrat«.*

Vorsicht ist auch geboten, wenn Sie vor Gericht stehen und dem Richter entgegnen:
»Ich bin für Ihre fiktive Kakophonie nicht verantwortlich!«
Au Backe! Wenn der Richter nicht weiß, daß fiktiv »angenommen« und Kakophonie »Mißklang« heißt, dann kann's eng werden. *»Das Gericht ist zu der Auffassung gelangt, daß …!«* So sprechen Richter meist in der dritten Person über sich selbst. Da stellt man sich schon die Weisheit des Orakels von Delphi vor. Aber es war nur ein Mensch wie du und ich, der in den Paragraphen wuselt und im übrigen genauso fühlt und emotional reagiert wie jeder andere Mensch.

Etwas mehr Spaß macht es, wenn man jemanden zu einer unfreiwilligen Aussage bringt:

– *»Also bin ich das Rindviech?«*
– *»Das kann schon sein, Herr Kollege!«*
– *»Aber warum sagen Sie dann muh, wenn ich das Rindviech bin?«*
– *»Ich habe nicht muh gesagt.«*
– *»Und ich habe nicht gesagt, daß Sie ein Rindviech sind, Herr Kollege!«*

Wenn zwei schlagfertige Rhetoriker aufeinandertreffen, dann gibt es im allgemeinen keinen Sieger und keinen Verlierer. Insofern gibt es auch keine Techniken, die einem Akteur vermittelt werden können, weil der andere sie natürlich auch verwenden kann. Nochmals: Hier geht es um den rhetorischen Leckerbissen, auch wenn es methodisch zumeist mehr ein Pingpongspiel ist.

Fragen mit Wertungen …

Eine gute Möglichkeit, das Niveau der Schlagfertigkeit zu erhöhen, sind Fragen, in denen eine feststellende Wertung liegt. Diese reizen geradezu zur Antwort. Ein Beispiel:
Als junger Bauleiter überwachte und leitete ich eine Großbaustelle für Eigentumswohnungen. Durch die ständigen Sonderwünsche und sonstige, nicht vorhersehbare Widrigkeiten verzögerte sich der Einzugsbeginn der Mieter und Käufer. Einige beschwerten sich bei der Presse. Da erschien ein Journalist und befragte mich:
»Das ist ein imposantes Bauvorhaben, das Sie ganz alleine in der verantwortlichen Bauleitung haben. Kompliment. Dennoch wurden einige Einzugstermine nicht gehalten. Sind Sie als junger Ingenieur mit dieser Aufgabe überfordert?«
Noch in der Interviewtechnik unerfahren stürzte ich mich so-

fort auf die letzte Frage zur Überforderung. Das war vom Interviewer beabsichtigt. Auch bei der nächsten Frage fiel ich mit meiner Antwort auf die Nase:
»Sie sind sehr dynamisch und aktiv, aber auch noch sehr jung. Manche ältere Kunden haben sich über Ihre Art und Weise beschwert, wie Sie mit ihnen umspringen. Sollte man Ihnen nicht eine ältere, erfahrene Führungskraft zuordnen?«
Mir erschienen diese Fragen eher harmlos, und ich lächelte darüber. Aber was ich dann später in der örtlichen Presse las, ließ mir das Lächeln vergehen.

Wie waren die Interviewer vorgegangen? Zunächst haben sie eine wertende Feststellung getroffen und dann eine Frage angehängt. Das ist eine sehr perfide Vorgehensweise, wenn es darum geht, etwas zu unterstellen, damit der andere sich rechtfertigt. Die meisten werden sich nämlich auf die Frage stürzen, um diese zu beantworten. Das aber darf bei allen Fragen, denen eine wertende Unterstellung vorangeht, auf gar keinen Fall geschehen. Auch wenn die Wertung sehr positiv ist, muß man auf diese Wertung eingehen und nicht auf die Frage:
»Als Politiker haben Sie es geschafft. Man hat sie gewählt. Sie haben den Erfolg. Worauf führen Sie Ihren Erfolg zurück?«
Klar, daß bei einer solchen Frage jeder Politiker (und andere Menschen ebenfalls) sich geschmeichelt fühlt. Wie gerne spricht man doch jetzt über seine Ehrlichkeit in den Aussagen, die politische Zuverlässigkeit, die die Wähler einem zugestehen usw. usw. Blabla. Wehe, man hat es aber mit einem knallharten Journalisten zu tun. Der könnte nämlich mit der Wertung »Sie haben es geschafft!« auch meinen: »Sie haben es geschafft, an den Futtertrögen der Politiker zu sitzen, um sich schamlos zu bedienen ...!«

»Herr Professor, Ihre Karriere als Chirurg ist eine einzige Erfolgsstory. Aber welche Fehler haben Sie? Können Sie uns welche nennen?«

Klar kann er das. *»Kiek mal, janz bescheiden issa«* – würden die Berliner sagen. Und in der Tat. Er spricht darüber, daß er *»... ab und zu mal ungeduldig«* ist und daß er *»... meistens vergißt, den Mülleimer runterzutragen, sehr zum Ärger seiner ...«* usw. Na, so was Ungehöriges aber auch! So ein Kopfkissen-Zerwühler. Er hat gar nicht begriffen, daß man ihn auf's Glatteis geführt hat. Wenn das Interview von einem fähigen Journalisten geführt wird, der genau recherchiert und sich darum gut vorbereitet hat, dann gibt's ein langes Gesicht und Stottern, wenn man auf seine Kunstfehler zu sprechen kommt, die via Gerichtsverfahren anhängig sind ...!

Mir selbst wurde einmal folgende Wertungsfrage gestellt:

»Sie haben als Architekt ja keine Karriere gemacht, die von Bedeutung wäre. Dann sind Sie Rhetoriktrainer geworden und wurden bekannt. Wo liegt hier Ihre starke Seite?«

Wer wäre bei dieser Frage nicht geneigt, seine Erfolge und Vorzüge aufzuführen? Aber es wäre ein schlechter Trainer. Die Wertung *»... keine Karriere ... die von Bedeutung wäre ...!«* ist wesentlich wichtiger als die angehängte Frage. Hier muß man angreifen: Was versteht man unter *»Karriere«*, unter *»keiner Karriere«*, wie *»wichtig ist eine Karriere«*, was ist eine *»Karriere von Bedeutung«, wer legt die Maßstäbe fest, wie und warum ...?«* usw. usw.

»Sie sind mit der Reform XY und auch mit Ihrem Kostensenkungsmodell, man kann sagen, kläglich gescheitert. Wie verkraften Sie diese Mißerfolge, und wäre es darum nicht Zeit, einem jüngeren Kollegen Platz zu machen?«

Wetten, daß die meisten jetzt sagen: *»Ich habe nichts dagegen, einem Jüngeren Platz zu machen. Außerdem gehe ich mit den Ergebnissen gelassen um, denn ...!«* usw.

Die vorangestellte Wertung geht quasi unter. Inwieweit die Reform XY und das Modell »kläglich« gescheitert sind, läßt sich genauer untersuchen. Ganz sicherlich gab es ein demokratisches Anhörungs- und Abstimmungsverfahren, und man kam zu einem anderen Ergebnis. Was ist in einer Demokratie daran »kläglich«?

Das Abwehrschema ist einfach, muß aber konsequent durchgesetzt werden:
Stellen Sie selbst den wertenden Teil in Frage. Antworten Sie nicht unmittelbar auf die angehängte Frage.

Polarisierungen ...
Zu den bedrohlichsten Denkschablonen gehört ebenso die Schwarzweißmalerei beziehungsweise die Polarisierung. Sie ist deswegen so beliebt, weil man damit provozieren kann, ohne sich in die Gefahr zu begeben, sich im Ton zu vergreifen:
»Herr Minister, Sie haben um die Rentenreform persönlich sehr hart gekämpft. Nun haben Sie plötzlich Ergänzungsvorschläge vorgestellt. Wollen Sie Ihre ursprüngliche Fassung jetzt selbst ablehnen oder etwas ganz Neues in die Diskussion einführen?«

Diese Alternativfragen sind bei Interviewern sehr beliebt, weil sie den Befragten festnageln. Ausgebuffte Politiker allerdings lassen sich auf dieses Spielchen erst gar nicht ein, sondern wischen die aufgezeigte Denkschiene zurück mit dem Ziel, das darzustellen, was sie selbst für wichtig halten:
»Weder das eine noch das andere. Wir haben um diese Rentenreform gekämpft, wir haben diskutiert, abgewogen und stellen nun, wie das in einer Demokratie üblich ist, den besten Vorschlag zur Abstimmung. Unser Ziel ist ja, daß die Renten sicher ...!« usw. Blabla.

Gefährlich wird diese Polarisierung, wenn ein ethischer, reli-

giöser oder sozialer Grundsatz unseres Kulturkreises mit einbezogen wird:
»Wir können nicht auf einen Schlag den Hunger in Afrika beenden. Aber wenn jeder von uns Christen einen Beitrag leistet, wird unzähligen Verhungernden geholfen. Darum haben wir diese Spendenaktion ins Leben gerufen und fragen Sie: Wollen Sie einen kleinen christlichen Beitrag für die Hungernden in Afrika leisten, oder wollen Sie, daß das Sterben der Ärmsten in Afrika weitergeht?«
Hier heißt es wachsam sein, sich nicht einwickeln lassen – und Fragen stellen. Aber die Fragen müssen sich auf den Teil beziehen, der vorangestellt wird, denn auch dieser ist wertend. Die Fragen, um die Wertungen und Eingangsaussagen zu erschüttern, sind in Mengen möglich – wenn man die offene Fragetechnik beherrscht:

- *»Wer hat die These aufgestellt … ›auf einen Schlag den Hunger‹ …?«*
- *»Wenn Sie von ›uns Christen‹ sprechen, wen genau meinen Sie?«*
- *»Was ist für Sie ein ›kleiner christlicher Beitrag‹ …?«*
- *»Wie garantieren Sie uns, daß das Geld dort ankommt, wohin wir es gespendet haben? Wir hoch ist der Verwaltungsanteil, und wie erfahre ich das verbindlich?«*
- *»Was bringt Sie dazu, jemandem, der nicht spendet, zu unterstellen, daß er den Hunger in Afrika duldet?«*
- *»Was tun Sie, wenn Sie auf Hunger in unserem Kulturkreis treffen?«*
- *»Wissen Sie, wie viele Menschen jenseits der Armutsgrenze in unserem Kulturkreis leben, und was tun Sie …?«*

Falls Sie nicht herausfinden können, mit welchen »falschen Karten« Ihr Gegenüber nun wirklich spielt, oder wenn Sie das Gefühl haben, daß hier mit »gezinkten Karten« gespielt wird, hilft, wen wundert's, die einfache Nachfrage:

- *»Wie lautet denn nun im Klartext Ihre Forderung? Was sind konkret Ihre Argumente?«*
- *»Es geht alles so schnell. Bitte nochmals, was sind konkret Ihre Forderungen?«*
- *»Herr Kollege, wenn Sie die Möglichkeit hätten, Ihre Aussagen auf einen prägnanten Satz zu bringen, den alle verstehen, wie würde der lauten?«*
- *»Sie bringen originelle Vergleiche. Doch wo bleiben Ihre Argumente?«*
- *»Herr Kollege, jede Medaille hat zwei Seiten. Sie haben eine dargestellt. Wo bleibt die andere?«*

Und wenn Sie schlechte Karten haben und gar nichts mehr hilft, dann bietet sich oft ein Witz an:

- *»Herr Dr. Weiß, Sie fordern den Zusatz XY, weil er selbstverständlich sei. Aber in Ihrem Angebot steht davon nichts drin. Logisch, in unserem Auftrag auch nicht ...!«*
- *»Herr Kollege, darauf möchte ich mit einer kleinen Story antworten: Ein jüdischer Theologiestudent fragt einen Rabbi: ›Eines verstehe ich nicht‹, sagt der Student, ›ein frommer Jude darf nicht ohne Kopfbedeckung herumlaufen. Gut. Aber in den Schriften steht doch kein Wort davon!‹ – ›Das ist wahr‹, sagt der Rabbi, ›wörtlich drinstehen tut es nicht. Aber die Schriften sind voll von Hinweisen. Da steht zum Beispiel: Jakob kam von Beerseba und ging nach Haran. Na, und glaubst du im Ernst, daß ein frommer Jude wie Jakob einen solch langen Weg ohne Kopfbedeckung gegangen ist?‹«*

Suggestiv-, Konjunktiv- und ... Fangfragen ...

Haben wir in den bisherigen Kapiteln empfohlen, auf diese Fragearten zu verzichten oder nicht zu antworten, so werden erfahrene Schlagfertige gerade diese Fragetypen zum Tummelplatz ihrer Attacken machen. Doch es muß erkannt werden: Alle drei Fragearten sind äußerst gefährlich. Jede auf ihre Art.

Suggestivfragen:

Mit den Worten *»sicherlich, doch, auch, bestimmt, wohl nicht . . . !«* usw. wird der Befragte in Bedrängnis gebracht:

- *»Sie wollen doch sicherlich auch ein zuverlässiges Auto fahren?«*
- *»Bestimmt wollen Sie, daß Sie Ihre Ruhe haben, stimmt's?«*
- *»Sie wollen doch wohl nicht damit sagen, daß Sie dagegen sind?«*

Da gibt es nur zwei Möglichkeiten, sich zu wehren. Entweder Sie sagen ganz entschieden: *»Doch, genau das will ich!«*, oder Sie greifen die Methode an und sagen – ebenfalls suggestiv:

- *»Sie wollten mir doch wohl keine Suggestivfrage stellen?«*
- *»Ganz bestimmt lehnen auch Sie Suggestivfragen sicherlich ab?«*

Konjunktivfrage

Sie ist mit Sicherheit die wohl gefährlichste Frageart. Sie kann harmlos klingend eingeleitet werden – und doch erfährt man viel über seinen Gesprächspartner. Die Fragemethode ist eine Annahme in der Grundform: *»Was wäre, wenn . . . ?«* Man bringt den Gesprächspartner dazu, sich vorzustellen, welche Möglichkeiten unter den angegeben Bedingungen bestünden:

»Was wäre, wenn wir das Parteiengesetz abschaffen würden?«

»Nehmen wir mal an, Ihr Chef würde Ihnen 1000 Euro schenken. Würden Sie das Geld nehmen, Frau Müller?« (Vertreter will damit den Vorteil seines Versicherungsangebotes aufzeigen und dann zum Abschluß kommen.)

»Gesetzt den Fall, wir hätten zum Teilbereich A eine Lösung. Wie sähe dann Ihre Entscheidung aus?« (Verhandlungspartner will Fortsetzung der Verhandlung.)

Auf Konjunktivfragen sollten Sie generell nicht antworten: *»Ich beschäftige mich nicht mit hypothetischen Fragen!«* Eine

Abwehrmöglichkeit ist auch die Retourkutsche: *»Was wäre, wenn nicht der Fall eintritt (ein anderer)?«* Bei der Abwehr müssen Sie hartnäckig bleiben, denn wer Konjunktivfragen stellt, will Sie zu einer bestimmten Aussage zwingen.

Fangfragen:
Diese Frageart ist begehrt und verpönt zugleich. Wenn eine Fangfrage als solche erkannt wird, wirkt der Fragesteller eher negativ. Im Gerichtssaal, vielleicht auch bei der Steuerprüfung, ist diese Frageform jedoch beliebt. Man ermittelt nämlich indirekt einen Sachverhalt, der direkt nicht erfragt werden kann oder soll:

- »Sind Sie mit dem neuen Fahrpreissystem der Bundesbahn zurechtgekommen?« (Personalchef will vom Bewerber wissen, wie er angereist ist.)
- »Wie wirken sich die neuen Ratings der Banken auf die Kreditvergabe Ihrer Hausbank aus?« (Man will wissen, ob Sie mit Krediten arbeiten.)
- »Sind Sie für oder gegen die Abtreibung?« (Hier will man unter Umständen versuchen herauszufinden, wo Ihr ethischer/politischer Standort ist.)

4.5.1 Abwehrmöglichkeiten unangenehmer Fragen

Hintergrundfrage
In einem Gespräch mit einem Profi ist es nicht immer einfach, sofort die Gefahr einer Frage zu erkennen. Wer jedoch mit kritischen und wachen Sinnen dabei ist, kann sich mit der *Hintergrundfrage* bestens wehren:

A: »Was ist der Hintergrund Ihrer Frage?«

B: »Wieso Hintergrund? Mich interessiert das einfach. Warum antworten Sie nicht auf meine Frage?«

A: »Pardon, mir fehlen noch Informationen, um Ihre Frage

korrekt zu beantworten. Was ist also der Hintergrund Ihrer Frage?«

Diese Frageart ist äußerst wirkungsvoll, um unangenehmen, lästigen oder undurchschaubaren Fragen auszuweichen.

Weitere Abwehrmöglichkeiten unangenehmer Fragen

Nehmen wir ein Beispiel, welches Ihnen nicht fremd sein wird. Ein lästiger »Irgendwer« will Sie ausfragen. *»Das sage ich nicht!«* oder *»Das geht Sie nichts an!«* sind unprofessionelle Antworten. Diese haben keinen selbstbewußten, sondern lediglich einen einfältigen Charakter.
Lernen Sie das folgende Beispiel im System schlicht auswendig, und erproben Sie die Wirksamkeit bei einem Zeitgenossen, der Sie mit Fragen nervt:

Beispiel »Abwehr von Neugierde«

A: *»Was ist denn Ihre Auffassung über den Sachverhalt XYZ?«*

B: *»Ich kann Ihnen darauf selbstverständlich eine Antwort geben. Aber was machen Sie dann damit?«*

A: *»Wieso machen? Mich interessiert das halt.«*

B: *»Ich meine: Geben Sie diese Information dann an die Allgemeinheit weiter, oder behalten Sie diese für sich?«*

A: *»Na, die gebe ich natürlich nicht weiter. Es interessiert mich eben …!«*

B: *»Es ist also reine Neugierde von Ihnen, die uns beiden nichts nützt. Denn Sie lebten vorher ohne diese Information gut, und ich kann auch ohne Ihre Neugierde gut leben …!«*

A: *»Äh …!«*

Oder etwas schärfer:

B: *»Neugierde als Nebenberuf? Mit welchen Fragen beschäftigen Sie sich eigentlich hauptberuflich?«*

Kurzfassung:
Sie fragen:
- Was machen Sie damit (weitergeben oder behalten)?
- Also reine Neugierde?
- Adieu!

Es handelt sich bei dieser Taktik also nicht um die reine Gegenfrage, sondern um eine Umformulierung. Durch diese Taktik der *fragenden Umformulierungen* wird der Kollege ständig in die Reaktion gezwungen. Er soll permanent seinen Standpunkt so lange durch das Infragestellen überdenken, bis seine Position ad absurdum geführt ist.

Es nützt aber nichts, nur reaktiv den Erfolg »Sprachlosigkeit« zu genießen, sondern es ist viel wichtiger, die gewonnene Pause der Sprachlosigkeit für das eigene weitere aktive Vorgehen zu nutzen. Das kann zum Beispiel dadurch geschehen, daß Sie mit einer Redewendung auf einen bereits behandelten oder neuen Sachverhalt zu sprechen kommen.

Beispiel »Abwehr und Angriff«

A: *»Es ist ja wohl berechtigt zu fragen, warum Sie Schadenersatz fordern.«*

B: *»Berechtigt, sagen Sie? Dann nennen Sie doch mal drei Gründe für Ihre Frage ...? Okay, ich will es Ihnen leichter machen: Nennen Sie die drei Gründe bitte in alphabetischer Reihenfolge!«*

A: *»Also, hören Sie mal ...! Ich weiß nicht, was das soll.«*

B: *»Nun, ich habe den Eindruck, daß Ihnen die guten Fragen ausgegangen sind. Ich kann Ihnen da aushelfen. Sie haben zu unserem Schaden die Lieferung der Formstücke XY entgegen vertraglicher Abmachungen 14 Tage hinausgezögert. Wie groß ist der Umfang Ihrer Vorbereitungen, um uns diesen Schaden zu ersetzen?«*

Durch die provozierende Frage am Schluß der Antwort können Sie ziemlich sicher sein, daß ebendiese aufgegriffen und nicht mehr Bezug auf die Provokationen zu Beginn der Antwort genommen wird. Damit hat man zwei Fliegen mit einer Klappe geschlagen:

1. Beitrag zur Demoralisierung oder zu emotionalen Reaktionen und
2. Übernahme der Führung des Gesprächs.

Kurzfassung:
Sie fragen:
- Drei Gründe ...? Keine Antwort?
- Ich helfe Ihnen ... mit der Frage ... usw.

Beispiel »provokative Frage«

A: *»Warum sind Sie eigentlich immer noch Mitglied bei der NPD (Reps, PDS, Partei, Sache XY)?«* etc.

B: *»Wenn diese (... XY) als katholisches Kulturgut vom Papst gesponsert wird, trete ich dieser Partei bei! Wie denken Sie als Marxist (Linker, Rechter, geistiger Invalide, Pfennigfuchser usw.) darüber?«*

Auch beim anschließenden Disput bringen Sachantworten erfahrungsgemäß nichts. Dialektisch muß der Gegner schachmatt gesetzt werden:

A: *»Das ist doch keine Antwort auf meine Frage!«*

B: *»Das liegt ganz sicher daran, daß an Ihrer Frage nur das Fragezeichen seriös war!«* Oder: *»Ist denn diese Frage für Ihren (geistigen) Fortbestand von Bedeutung?«*

Kurzfassung:
- Ethisch hoch: katholisches Kulturgut – Papst
- Ethisch gering: Gegenteil als Frage

Weiteres Beispiel:
»Haben Sie das (XXX) eigentlich nötig ...?«
»Die Frage stellt sich so nicht!«
»Ich stelle die Frage aber so!«
»Das freut mich. Denn damit sind Sie potentieller Kunde meiner Seminare ›Wie stelle ich richtige Fragen?‹«

Beispiel »Abwehr von Beleidigungen«

A: *»Also Ihnen fehlt es wirklich an Intelligenz/zu dumm etc.!«*

B: *»Wie interessant, daß Sie sich zutrauen, Intelligenz zu beurteilen. Haben Sie schon einmal Ihren IQ testen lassen, und wie weit kam der über 40?«* Oder: *»Was ist der Grund, daß Sie Ihr Image mit dieser Anmerkung so leichtfertig aufs Spiel setzen?«* Oder: *»Was glauben Sie, hat sich mit dieser Frage Ihr Image nun verbessert oder verschlechtert?«*

Entsprechende Reaktion beim Thema »Erfahrung«:

A: *»Sie haben darin noch nicht die ... Erfahrung.«*

B: *»Erfahrung ist immer die Summe aller Irrtümer. Wie oft haben Sie sich eigentlich geirrt?«*

A: *»Ich habe mich überhaupt nicht geirrt. Sie können von mir lernen ...!«*

B: *»Nicht geirrt? Das heißt doch konkret, Sie haben keine Erfahrung!«* Oder: *»Was glauben Sie, warum ist es wichtig, daß Sie jetzt Erfahrungen sammeln?«* Oder: *»Wie gehen Sie mit diesem Phänomen um? Nehmen Sie Abführmittel oder was?«*

Kurzfassung:
- Hinweis auf Intelligenz
- Gegnerischen IQ als bissig-scharfe Gegenfrage

Gleiches Schema bei Vorhaltungen:
»Sie müßten doch eigentlich ...!«

A: *»Sie müßten das doch eigentlich können!«*

B: *»Tja, was machen wir jetzt mit Ihrer Fähigkeit, Sachverhalte nicht richtig einschätzen zu können?«*

A: *»Den Sachverhalt habe ich schon richtig eingeschätzt!«*

B: (Lächelnd-ironisch:) *»Soso, na dann üben Sie mal schön weiter. Vielleicht klappt's beim nächsten Mal.«*
Oder/und: *»Wann besuchen Sie denn den Aufbaukurs Rhetorik ›Wie tappe ich nicht in Fallen‹?, und wer liest Ihnen die Manuskripte vor?«*

»Und was soll das?« (Abwertung im Unterton)

Sehr häufig begegnen uns in Diskussionen solche abwertenden Fragen. Die Frage »Was soll das?« ist ausgesprochen gefährlich! Mit solchen Fragen will man Ihr Konzept publikumswirksam abschmettern und Sie zu einer Grundsatzdiskussion zwingen. Viele machen den Fehler, nun irritiert oder ungeduldig den Sachverhalt nochmals zu erklären. In den meisten Fällen ist eine sinnvolle Debatte mit dem Fragesteller nicht möglich, denn er will sich nur billig profilieren. Wollte er sich nämlich informieren, würde er die Frage anders und vor allem nicht mit abwertenden Ober- beziehungsweise Untertönen stellen. Dialektisch muß es darum gehen, den Fragesteller zu zwingen, seine Frage nochmals zu stellen – und zwar konkret und ohne Untertöne!

A: *»Und was soll das?«*

B: *»Richtig! Wenn man(n) etwas nicht verstanden hat, soll man(n) fragen. Und zwar sachlich nach Informationen. War Ihre Frage sachlich, und welche Informationen benötigen Sie?«* Oder schärfer: *»Richtig! Wenn man Denkblockaden hat, soll man ...!«*

Härtere Stufe:

B: *»Wenn bereits solche Ober- und Untertöne in der Frage verpackt sind, dann braucht man sich mit der Antwort keine Mühe zu geben, denn der Fragesteller will nur ›seinen Auftritt‹. Und Ihren Auftritt können Sie jetzt haben: Bitte!«*

A: *»Wieso Auftritt? Ich will nur wissen, was das hier soll?«*

B: *»Wenn Sie Informationen benötigen, gebe ich Ihnen die gerne. Stellen Sie mir also eine konkrete Frage nach Informationen – ohne Ober- und Untertöne!«*

Je nach Sachverhalt können Sie nun auf seine Fragen antworten – oder ihn weiter »aushebeln«, zum Beispiel mit ständigen Hinweisen auf seine Ober- und Untertöne.

Kurzfassung:
- Richtig! Fragen!
- Ober- und Untertöne?
- Auftritt oder Informationen?

Ihre »Notbremse« (Schlüsselwort-Methode)

Es kann durchaus sein, daß Sie auf jemanden treffen, der ebenfalls bissige Bemerkungen von sich gibt. (*»Ich beschäftige mich nur mit intelligenten Dingen. Im Gegensatz zu Ihnen!«*) Hier hat es keinen Sinn, den Disput aufrechtzuerhalten. Es gibt eine sehr schöne, stets wirkungsvolle »Notbremse« für (fast) alle Fälle. Sie sagen lächelnd-ironisch: *»Soso. Na, dann üben Sie mal schön weiter!«* Oder: *»Und warum besuchen Sie dazu keinen Kursus?«*

Sie drehen sich um und gehen. Falls das nicht möglich ist (oder Sie Spaß am Fighten gewonnen haben), können Sie auf dieser Schiene weitermachen und den Gegner regelrecht »hochnehmen«. Das Wort »üben« fungiert hierbei als »Schlüsselwort«, an das andere Begriffe schnell gebunden werden

können: Seminar, Training, Schule, saubere Aussprache, Fragen, Benehmen usw. Was immer geantwortet wird, mit dem Wort »üben« läßt sich dann jede noch so spektakuläre Antwort »zerschmettern«. (*»Und wann üben Sie, weniger zu reden und mehr zuzuhören?«* Oder: *»Und wann üben Sie besseres Benehmen?«* Oder: *»Wann üben Sie denn, gescheite Fragen zu stellen?«*)
Aber Vorsicht! Selbst ruhige Zeitgenossen können bei dieser Methode jähzornig werden!

Rhetorisch nicht versierte Akteure werden sicherlich noch einige Mühen haben, diese Schlagfertigkeit sofort umzusetzen. Aber es muß auch nicht sofort gelingen. Wichtig ist lediglich, daß Sie damit beginnen, Sprach- und Hilflosigkeit zu überwinden.
Die folgenden Beispiele sollen darum als eine kleine Fundgrube zum »Üben von Abwehr unangenehmer Fragen und Schlagfertigkeiten« dienen:

Ihre Frage hat viel Gutes und viel Neues. Aber das Neue ist nicht gut und das Gute nicht neu!

An Ihrer Frage war nur das Fragezeichen seriös!

Eine gute Antwort setzt eine gute Frage voraus. Aber alle wissen: Das Bessere ist der Tod des Guten. Ihre Frage war nachweislich nur gut. Stellen Sie also eine bessere …!

Man gewinnt den Eindruck, daß Ihnen mittlerweile die guten Fragen ausgegangen sind. Ich kann Ihnen da aushelfen. Warum haben Sie zum Beispiel …?

In Ihrer Frage liegt ein Vorwurf, den ich nicht teile, und zwar …!

Die Frage muß doch anders gestellt werden, und zwar …!

Zunächst bleibt einmal dahingestellt, ob das die wichtigste Frage ist …!

Sie sagten »Ja, aber«. Worauf bezieht sich das »Ja«?

Ihre Frage ABC haben Sie gestellt, aber die wichtigste Frage lautet doch XYZ. Damit ist zumindest bewiesen, daß wir uns auf Sie verlassen können, wenn es um nebensächliche Fragen geht …!

Warum »muß« ich diese Frage beantworten? Stehe ich hier vor einem Kriegsgericht?

Das ist eine sehr wichtige Frage, zu der es viele Alternativen gibt. Haben Sie Zeit und Geduld, daß ich diese korrekt ausführe?

Sie sind wirklich sehr korrekt. Sie nehmen nichts an. Nicht einmal Vernunft. Was veranlaßt Sie dazu?

(Wenn Sie jemand mit Fremdwörtern hereinlegen will, antworten Sie:) Eine dezidierte Exemplifikation (genaue Ausführung) Ihres Paradigmas (Beispiels) würde zu einer affektlabilen Loquazität (jähzornigen Geschwätzigkeit) bei den Respondenten (Interviewpartnern) führen. Wollen Sie das?

Was glauben Sie: Hat sich mit Ihrer merkwürdigen (idiotischen/überflüssigen etc.) Frage Ihr Image verbessert oder verschlechtert?

Das ist wieder eine intellektuell so niedrigstehende Bemerkung, daß ich mich seit einiger Zeit frage: Wer hat eigentlich zuerst das Märchen von Ihrer Intelligenz erzählt?

4.5.2 *Abwehr »unfairer nonverbaler Elemente«*

Die Abwehr unfair eingesetzter nonverbaler Elemente erfordert Selbstbewußtsein und Standvermögen. Wer es versteht, mit der Körpersprache überzeugend zu täuschen, ist ein Profi. Nicht ohne Grund ist zum Beispiel im deutschen Rechtswesen der Lügendetektor nicht zugelassen. Es wäre solchen Zeitgenossen gegenüber sehr gefährlich, den Versuch zu unternehmen, besser oder »ebenbürtig« zu sein (zum Beispiel ebenfalls mit Körpersprache, Mimik, Gestik, Stimuli usw. zu täuschen), zumal nicht unmittelbar unterschieden werden kann, welche körpersprachlichen Aussagen »echt« und welche »unecht«, also »gespielt« sind.
Es wäre zu einfach, die Abwehr unfair eingesetzter nonverbaler Elemente damit zu beschreiben, daß »man diese einfach übersieht«, also nicht zur Kenntnis nimmt, denn es findet letztlich doch eine »Kommunikation« über die (empfindliche und gefährliche!) emotionale Beziehungsebene statt.

Um sich dennoch »zu wehren«, hat sich eine Vorgehensweise in drei Stufen bewährt:

1. Die Deutung körpersprachlicher Aussagen, von Mimik, Gestik, Stimuli etc. sowie die Kenntnis darüber, daß diese auch täuschend eingesetzt werden können. Das muß mit der eigenen Selbstsicherheit verbunden werden, »sich nicht täuschen zu lassen«. Machen Sie sich selbst »stark«, »rüsten Sie sich selbst auf«, »motivieren Sie sich selbst«, indem Sie sich immer wieder sagen:
   »Ich kenne diese Tricks! Ich lasse mich nicht nervös machen! Mich täuschen Sie nicht! Sie wollen mich verunsichern! Ich lasse mich nicht beeindrucken! Ich bin sicher! Ich weiß, was ich will!«

2. Wenn möglich, lassen Sie »da und dort« im Redebeitrag (freundlich lächelnd, nicht zynisch!) durchblicken, daß Sie das taktische Manöver durchschaut haben (um die Taktik wirkungslos zu machen):
   »Ich lege nur auf die Sache wert, Herr Kollege, und lasse mich auch nicht durch (unechte) nonverbale Aussagen irritieren!«
3. Es ist sehr wichtig, daß Sie »Überlegenheit« demonstrieren. Wer selbst grimmig dreinschaut, ungehalten reagiert oder gar böse wird, signalisiert im Grunde, daß die Taktik der Gegenseite Erfolg hat. Viel erfolgreicher ist es, den Gegner »niederzulächeln«. Lächeln heißt nicht, ständig zu grinsen oder arrogant-überheblich zu lachen. »Niederlächeln« heißt, den »Gegner mit Freundlichkeit zu entwaffnen«, ihn »freundlich zu erschöpfen«, heißt, freundliche Standhaftigkeit zu bewahren.

Bewährt hat sich auch die Taktik *»Pause als Vorwurf«* (siehe Abschnitt 2.3.4). Besonders Einkäufer und Verhandler, die durch Täuschung verunsichern wollen, setzen gerne die Taktik ein, mit einer »eiskalten«, regungslosen oder grimmigen Mimik und einer ablehnenden Körpersprache ihr Gegenüber zu verunsichern. Und es gelingt ihnen zumeist, denn viele reagieren falsch (werden nervös, verunsichert, verlieren den »Faden«, reden drauflos oder stellen falsche Fragen: *»Äh … is was?«*).

Eine Methode wäre, jetzt »richtige Fragen« zu stellen:
»Welche Auffassung haben Sie zu dem Punkt XY, den ich gerade erläutert habe?«
Doch Einkäufer sind darauf »getrimmt«, auch offene Fragen nur kurz zu beantworten. Eine mögliche Antwort des Einkäufers wäre also:
»Zunächst keine. Bitte machen Sie weiter!«

Eine *andere Methode* wäre, die »Taktik der Pause als Vorwurf« einzusetzen. Das heißt, den letzten Satz zu Ende sagen, dann ohne erkennbare Mimik schweigen und den Partner ansehen (auch nicht lächeln), und zwar so lange, bis der Gegner etwas sagen »muß«.
Um die Wirkungsweise dieser (äußerst erfolgreichen!) »Abwehrmethoden« kennenzulernen, muß man üben, üben und nochmals üben. Das wird nicht leicht sein, denn wer einem anderen Menschen gegenübersitzt, der seine körpersprachlichen Aussagen provozierend einsetzt, wird auf der emotionalen Beziehungsebene angegriffen – und damit bewegt er sich nicht mehr im »Sachbereich«, der von der Ratio bestimmt wird.
Vielleicht finden Sie in Ihrem Bekannten- oder Freundeskreis ein »geeignetes Opfer zum Üben«. Es könnte zum Beispiel ein/e Kollege/Kollegin sein, der/die Ihnen durch ein hämisches Gegrinse, unflätiges Benehmen, provozierende Mimik, Gestik und Stimuli oder negative körpersprachliche Aussagen »auf den Wecker geht«. Er/sie ist gerade richtig zum Üben. Was immer diese Person verbal und nonverbal »sagt« – sagen *Sie* sich:
»Du kommst mir gerade richtig zum Üben. Mehr will ich nicht von dir!«

Schlußbemerkungen

Schlagfertigkeit kann nicht nach Schema F erfolgen. Von bestimmten lustigen Sprüchen und passenden Erwiderungen abgesehen, ist erfolgreiche Schlagfertigkeit stets von den drei Faktoren Person, Situation und Sachverhalt, abhängig. Vor allem ist wichtig zu wissen, was man will und was man erreichen wird. Wer mit »einem Schlag fertig« sein will, dem helfen kurzfristig scharfe Sprüche. Doch weder gelingt das immer, noch ist es sinnvoll, stets zu »siegen«, weil man sonst – verliert! Schließlich ist die schlagfertige Redekunst eine Macht. Wer sie beherrscht, kann Macht ausüben – aber sie auch mißbrauchen.

Schlagfertigkeit, wie wir sie verstehen, ist keine Einbahnstraße, sondern eine Straße mit Gegenverkehr. Und da gelten bekanntlich einige Regeln, damit es nicht zum Crash kommt. Verschiedene Schriften über Schlagfertigkeit vermitteln auch eher kurzfristige, einseitige Hinweise und Tips. Das mag da und dort gelingen, aber man geht davon aus, daß der andere wirklich »sprachlos« ist. Von diesem Ansatz gehen wir nicht aus, sondern wir sagen einerseits, daß die »Empfänger« nicht stets so sprachlos geschlagen sind, wie man es sich als Autor in Ruhe ausdenken kann. Und andererseits wollen wir die Fähigkeiten und Möglichkeiten vermitteln, einen Dialog mit dem anderen zu führen. Ein solcher Dialog allerdings kann (und sollte!) recht fetzig sein – dort, wo's möglich ist. Wichtig ist, daß man selbst nicht sprachlos wird, wenn es der Gegenseite gelingt, den »Spieß umzudrehen«.

Diese Form der Schlagfertigkeit ist erlernbar, jedoch müssen einige Voraussetzungen gegeben sein, respektive geschaffen werden. Die wohl wichtigste Voraussetzung ist die Freude an der Sprache, an der Rhetorik, an der Kommunikation mit anderen. In Kapitel II (Abschnitt 2.1–2.3) haben wir die verbalen und nonverbalen Techniken sowie Methoden dargestellt, die hierzu erforderlich sind. Wenn Leser diese bereits beherrschen – um so besser. Vielleicht finden Leser aber trotzdem da und dort Tips und Hinweise, die sie zusätzlich in ihr Repertoire einbringen können.

In den Abschnitten 2.4 und 2.5 sind bereits konkrete Anwendungsbereiche mit Beispielen dargestellt. Diese Abschnitte sind insbesondere für jenen Leserkreis interessant, der vor anderen reden muß, sei es als Referent vor vielen Zuhörern, in einer Gruppe oder im Zweiergespräch (z. B. Verkauf, Verhandlungen etc.).
In Abschnitt 3 wird der Methodenkranz der Dialektik und Rabulistik (Wortverdreherei) dargestellt. Dieser Abschnitt ist in zweifacher Hinsicht wichtig. Einerseits wird die Vorgehensweise aufgezeigt und analysiert, wie die heutige »Gebrauchsdialektik« aufgebaut ist und angewendet wird. Für einige Leser klären sich damit sicherlich ein paar Überraschungen, denen man bei einigen Zeitgenossen ausgesetzt ist – oder war. Die Analyse erzeugt quasi die »Antennen«, um geschliffene Dialektik erkennen zu können. Mit Hilfe der in Kapitel II beschriebenen Methoden, insbesondere der Fragetechniken, ist der Leser dann in der Lage, gezielt dem Dialektiker Paroli bieten zu können. Um das zu können, beginne man dazu mit einfachen deduktiven Beispielen, indem man vom Allgemeinen auf das Besondere (eigene Argument) schließt. Das muß nicht in der höchsten Perfektion geschehen, aber man muß für eine erfolgreiche Argumentation bestimmte Beziehungen herstellen, bei der die Schlußfolgerung »logisch« ist. Das ist zur Überzeugung effizienter, als lediglich eine einfache Behauptung aufzustellen.
Generell geht es in der Argumentationstechnik darum, daß

Behauptungen als »richtig« angesehen werden, wenn die Begründung(en) dazu plausibel und überzeugend sind. Mit »echten Beweisen« und der Wahrheit muß das nichts zu tun haben.

»Der dreht einem das Wort im Mund herum!« – Wer hätte das nicht schon einmal empört über einen Zeitgenossen gesagt? Aber wie machen die Wortverdreher das – wie kann man diese Technik beherrschen und vor allem, sich dagegen wehren?
Es ist alles eine Übungssache. Die Verdreherei alleine ist nicht besonders schwierig. Wir haben dazu Beispiele und Möglichkeiten dargestellt. Die Analyse der Vorgehensweise bringt sicher für die Leser die Klarheit. Wenn Leser dann sagen: *»Das kann ich auch!«,* und ein wenig üben, dann wird nach nicht allzu langer Zeit der Mißbrauchshinweis erfolgen müssen. Denn diese manipulative Form der Kommunikation ist wie eine Einstiegsdroge. Darum:
Vorsicht! Nicht zu Tode siegen!
Was die Leser aus den Kapiteln I und II erfahren, gelernt und trainiert haben, wird im Kapitel III unter das Motto »Schlagfertigkeit in der Praxis« gestellt.
Zunächst wird einigen Lesern das Kapitel III eher als ein Widerspruch zu unserer Kernaussage »Keine Einbahnstraße« vorkommen. Doch einerseits sind diese Techniken wichtiger Bestandteil der Schlagfertigkeit, andererseits sind die Leser durch die Kapitel I und II in der Lage, diese Techniken nicht nur einmal anzuwenden, sondern einen erfolgreichen, sinnvollen Fight mit dem anderen aufzunehmen. Das gilt insbesondere für den Fall, wenn der eine oder die andere ebenfalls schlagfertig ist. Und vielleicht, das ist nicht zu verhehlen, reicht es ja einigen Lesern, die Möglichkeiten und Methoden des Kapitels III anzuwenden.

Daß ein Panzer nur so lange sicher ist, wie er nicht auf seinesgleichen oder ein besseres Waffensystem trifft, ist eine banale Weisheit. Für unsere Hinweise zur Schlagfertigkeit ist das Beispiel dennoch geeignet. Denn die Frage ist, wie und womit begegnet man den – Schlagfertigen? (Abschnitt 4.5). Dabei ist entscheidend, daß es (mindestens) unentschieden nach einem Fight stehen sollte. Was könnte peinlicher sein, als in einer Gruppe auf einen Schlagfertigkeitsprofi zu stoßen, den man als solchen vorher nicht erkannt hat und der ganz plötzlich zur Gruppenfreude »zuschlägt«?
Die Leser werden schnell erkennen, daß hierzu die Fragetechnik eine zentrale Bedeutung hat. Das allerdings wissen die »anderen Schlagfertigen« auch. Und darum müssen die Leser wissen, was in dem Falle unangenehmer Fragen anderer zu tun ist. Hierzu werden im Abschnitt 4.5 entsprechende Möglichkeiten aufgezeigt.
Was aber, so mag man zu Recht fragen, ist denn die Gegenwehr, wenn der andere auch unangenehme Fragen abwehren kann? Antwort: Nichts! Es kann ein erfrischender Fight sein. Und es wird schlechtenfalls ein unergiebiges Pingpongspiel, wenn beide verbissen sind.

Da kann es allerdings geschehen, daß einer die Geduld und damit das gute Benehmen verliert. Unfairneß macht sich breit. Sich dagegen zu wehren, ohne selbst beleidigend zu werden, ist ein wichtiger Teil der Dialektik und Schlagfertigkeit – ebenfalls in Abschnitt 4.5 beschrieben. Fair sollte in der Schlagfertigkeit alles zugehen. Geist, Witz und Contenance sind dazu unverzichtbare Bestandteile. Zum Fairplay zählt auch, daß es akzeptiert werden muß, wenn der andere mal besser ist. Damit es stets ein Dialog wird und bleibt, ist der Wirkungszusammenhang von Rhetorik, Dialektik und Schlagfertigkeit die Grundvoraussetzung. Nicht mit »einem

Schlag fertig« zu sein, sondern mit einem Methodenkranz aus den drei Elementen ständig schlagfertig zu sein, ohne jemanden »fertigzumachen« – das ist die in diesem Buch beschriebene Kunst.

In diesem Sinne verstehen wir auch den Titel: *»Das hat gesessen. Unschlagbar im Streitgespräch«.*
Dazu wünschen Autor und Verlag den Lesern viel Spaß und Erfolg.

München im Februar 2003
Dr. Dr. Wolf Ruede-Wissmann
Postfach 22 13 40
D-80503 München
Homepage:
www.ruede-wissmann.de
E-Mail: drdr@ruede-wissmann.de

Bitte beachten Sie die folgenden Seiten